KB138797

잘 산다는 것

너머학교 열린교실 09

# 잘 산다는 것

강수돌 글  박정섭 그림

너머학교

사람은 자연학적으로는 단 한 번 태어나고 죽지만 인문학적으로는
여러 번 태어나고 죽습니다. 세포의 배열을 바꾸지도 않은 채 우리
의 앎과 믿음, 감각이 완전 다른 것으로 변할 수 있습니다. 이것은
그리 신비한 이야기가 아닙니다. 이제까지 나를 완전히 사로잡던 일
도 갑자기 시시해질 수 있고, 어제까지 아무렇지도 않게 산 세상이
오늘은 숨을 조이는 듯 답답하게 느껴질 때가 있습니다. 내가 다른
사람이 된 것이지요.

　어느 철학자의 말처럼 꿀벌은 밀랍으로 자기 세계를 짓지만, 인
간은 말로써, 개념들로써 자기 삶을 만들고 세계를 짓습니다. 우리
가 가진 말들, 우리가 가진 개념들이 우리의 삶이고 우리의 세계입
니다. 또 그것이 우리 삶과 세계의 한계이지요. 따라서 삶을 바꾸고
세계를 바꾸는 일은 항상 우리 말과 개념을 바꾸는 일에서 시작하고
또 그것으로 나타납니다. 우리의 깨우침과 우리의 배움이 거기서 시
작하고 거기서 나타납니다.

아이들은 말을 배우며 삶을 배우고 세상을 배웁니다. 그들은 그렇게 말을 만들어 가며 삶을 만들어 가고 자신이 살아갈 세계를 만들어 가지요. '생각교과서—열린교실' 시리즈를 준비하며, 우리는 새로운 삶을 준비하는 모든 사람들, 아이로 돌아간 모든 사람들에게 새롭게 말을 배우자고 말하고자 합니다.

무엇보다 삶의 변성기를 경험하고 있는 십대 친구들에게 언어의 변성기 또한 경험하라고 말하고 싶습니다. 그래서 자기 삶에서 언어의 새로운 의미를 발견한 분들에게 그것을 들려 달라고 부탁했습니다. 사전에 나오지 않는 그 말뜻을 알려 달라고요. 생각한다는 것, 탐구한다는 것, 기록한다는 것, 느낀다는 것, 믿는다는 것, 본다는 것, 읽는다는 것, 잘 산다는 것……. 이 모든 말의 의미를 다시 물었습니다. 그리고 서로의 말을 배워 보자고 했습니다.

'생각교과서—열린교실' 시리즈가 새로운 말, 새로운 삶이 태어나는 언어의 대장간, 삶의 대장간이 되었으면 합니다. 무엇보다 배움이 일어나는 장소, 학교 너머의 학교, 열려 있는 교실이 되었으면 합니다. 우리 모두가 아이가 되어 다시 발음하고 다시 뜻을 새겼으면 합니다. 서로에게 선생이 되고 서로에게 제자가 되어서 말이지요.

2014년 봄 고병권

# 차례

대학 교수,
마을 이장이 되다

나는 대학에서 경영학을 연구하고 가르치는 교수입니다. 기업 경영이나 경제 전반에서 사람 문제를 탐구하는 것이 전공이죠. 그런데 나는 얼마 전까지 마을의 이장이기도 했어요. 교수와 마을 이장이라니, 잘 연결이 안 되지요? 자, 지금부터 내가 2005년부터 2010년까지 5년 동안 마을 이장을 했던 사연을 들려줄게요.

나는 독일에서 박사 공부를 마치고 돌아와 여의도의 한국노동연구원이란 곳에서 2년 가까이 연구를 한 뒤 대학 교수 자리를 얻게 되었어요. 고려대학교 세종캠퍼스이죠. 예전엔 충남 연기군, 지금은 세종특별자치시라 불리는 곳에 있어요. 1997년 봄 학기부터 이 학교에서 대학생을 가르치고 있지요.

1999년에 학교 근처에 귀틀집을 짓고 지금까지 살고 있어요. 그사이에 사랑스러운 세 아이도 태어나 자연과 더불어 뛰놀며 무럭무럭 자랐지요. 그 옛날 내가 자연 속에서 즐겁게 살았던 것처럼 말이죠.

내 고향은 '가고파'라는 노래로 유명한 경남 마산이랍니다. 가난한 동네였어요. 거의 모두가 가난했기 때문인지 늘 '이웃사촌'처럼 돕고 살았어요. 호박전이나 부추전 같은 부침개 하나를 부쳐도, 밀가루로 수제비를 만들거나 동지 팥죽을 끓여도 늘 이웃과 나눠 먹고 살았지요. 이웃이 이사를 오갈 때도 모두 이삿짐 나르는 것을 도왔답니다.

내가 살던 집에서 바닷가가 멀지 않았어요. 매월 보름이나 그믐이 되면 어머니는 장화를 신고 호미를 들고 개펄로 가셨지요. 물론 평소에는 집 근처 산기슭의 작은 밭에서 일을 하셨고요. 나도 자주 따라 다녔어요. 친구들과 들녘에 가면 개구리, 메뚜기, 미꾸라지 같은 것들을 잡으며 신 나게 놀았죠.

나는 개펄에서 바지락을 캐는 것이 가장 재미있었어요. 한 번 캘 때마다 나는 '혹시 바지락이 더는 안 나오면 어쩌나?'하고 걱정했는데, 신기하게도 약 2주만 지나면 바지락이 또 많이 생겼어요. 자연의 생명력은 참 무한하구나 싶었지요. 개펄엔 바지락만 있는 게 아니었죠. 옆으로만 재빨리 기어 다니는 게도 있고 고둥도 있었어요. 개펄에서 집으로 돌아오면 어머니는 바지락, 게, 고둥 같은 것들을 넣고 맛있는 해물 된장찌개를 끓여 주셨죠. 아, 그 구수하고 시원한 맛이란!

## 아파트를 반대합니다!

스무 살에 대학에 진학하면서 고향을 떠나 도시에서 살게 되었어요. 그리곤 앞에서 말한 것처럼 마흔 살이 다 되어 고향 같은 시골로 되

돌아가게 된 것이지요. 그렇게 자연 속에서 사는데 2005년 3월 초에 청천벽력 같은 소식이 들려왔어요. "우리 마을에 아파트 단지가 들어선다."는 것이었어요. 봄이면 복숭아꽃과 배꽃이 만발하여 무릉도원이 부럽지 않고 가을이면 논에 가득한 황금빛 나락이 풍요를 느끼게 하는 우리 마을에 아파트 단지가 들어선다니, 말도 안 되는 소리라고 생각했죠.

그래서 마을을 돌며 물어보기 시작했어요. 그런데 이웃 사람 중에 아파트 이야기를 들어 본 사람이 아무도 없었어요. 이상했지요. 마을의 운명을 바꿀 아파트 단지가 들어서는 일이면 마을 회의를 해서 모두 알고 있어야 할 텐데, 아무도 모른다니 뭔가 수상하다 싶었어요.

그래서 마을 이장에게 따졌지요. 아파트가 선다는 땅이 모두 논, 밭, 과수원인데 어떻게 해서 갑자기 아파트 단지가 들어설 수 있단 말인가요? 이장은 "주민들이 민원을 넣어서 토지 용도가 그렇게 변경되었소."라고 했어요. 그래서 내가 "그러면 그 민원서 좀 봅시다." 라고 했어요. 그런데 그 이장이 이리 미루고 저리 미루며 보여 주지 않는 것 아니겠어요?

그래서 군청으로 달려가 서류를 확인했더니 그 이장을 포함해 8명이 이름과 도장이 찍혀 있었어요. "군에서 제1종지(5층 이하 개발 가능)로 결정하려고 하는데 그렇게 되면 지주들 재산권 침해와 마을 발전에 지장이 있으니 제2종지(15층 정도 개발 가능)로 해서 아파트

사업이 가능하게 해야 한다."
는 내용이었어요.

　마을로 돌아와 그 명단에 있는
사람들에게 일일이 전화해
보았어요. 그랬더니 모두가
"전혀 모르는 사실"이라
하지 않겠어요? 가짜
서류였던 거지요. 마을
이장을 찾아가 마을
총회를 열라고 요구
했어요. 주민들이 모인

자리에서 그 가짜 서류를 들고 말했어요. 첫째, 지금 우리 마을엔 약
1천 세대 규모의 아파트 단지가 들어설 계획이다. 둘째, 몇몇 땅 주인
외에는 어느 주민도 모르게 비밀리에 진행되고 있다. 셋째, 아파트

단지가 들어서면 원래 살던
주민들의 환경권이 침해
되고 마을이 아파트
단지와 아닌 곳으로
양분된다. 이런 내용이었죠.
마을 사람 모두가 분노했어요. 어르신
들도 이장에게 "당장 사퇴하라."며
화를 내셨어요. 이장은 버티고
버티다가 할 수 없이 사퇴서를
쓰게 되었죠. 우리 마을의 작은
혁명이었어요. 그다음 주에 마을
사람들은 총회를 열고 나를 새 이장으로 추대했어요.
나를 중심으로 똘똘 뭉쳐 아파트
사업을 물리치자는 것이었죠.

　내가 이장을 할 수 있을까 망설여졌어요. 하지만 아파트가 건설되 게 그대로 둔다면 어떻게 될까 생각하니 아찔했습니다. 내 고향 생 각이 났어요. 1980년 초에 대학 공부를 하러 서울로 떠난 뒤, 마산 앞바다는 갈수록 오염이 심해졌거든요. 가장 큰 주범은 마산 수출자 유지역이나 창원기계공업 기지였어요. 물론 일반인들의 생활하수도 큰 문제였고요.

　나중에 공부하면서 알게 된 사실이지만, 내 고향 바다의 오염은 모두 '잘 살아 보자.'며 무조건 공업화를 추진한 결과였어요. 우리 집 의 코딱지만 한 작은 방에 세 들어 살던 누나도 수출자유지역에서 일하던 노동자였어요. 한 달 월급도 코딱지만 했겠죠. 나중에 알고 보니 수출자유지역이란 곳은 일본이나 미국 등에서 환경을 심하게 오염시키거나 노동 인권을 지키지 못한다며 비판받아 더는 돈을 많이 벌 수 없게 된 기업들이 별다른 규제가 없는 가난한 나라로 몰려와 공장을 세운 것이었어요. 우리 정부는 일자리를 늘리고 소득을 높인다는 이름 아래 한국의 수많은 노동자를 좋지 않은 환경에서 저임금으로 일하게 했던 것이지요. 그 좋던 금수강산은 각종 산업 폐기물로 오염에 시달리게 되었고요.

돈은 있다가도 없어지고 없다가도 생기는 것이지만, 사람이나 자연의 건강은 한번 크게 망가지면 회복이 거의 불가능해요. 공업화를 위해선 자유나 인권을 무시해도 좋다는 분위기, 노동조합 같은 것을 해서는 안 된다는 심리적 압박, 바다나 산 같은 자연은 좀 부수어도 좋다는 식의 개념 없는 태도는 쉽게 고쳐지지 않아요. '잘 살아 보자.'고 덤벼든 공업화, 산업화의 거센 물결 때문에 자연과 더불어 지내고 이웃과 나누며 지내던 우리의 마음은 사라지고 말았어요. 이런 현상을 보고 또 공부하면서 나는 경제가 살림이기도 하지만 죽임일 수도 있음을 느꼈지요.

우리 마을에 아파트를 세우는 것두 마찬가지라는 생각이 들었어요. 누군가가 돈을 벌기 위해 자연을 훼손하고 농사짓던 땅을 빼앗아 아파트를 세우는 것은 옳지 않은 일이다 싶었지요. 그래서 나는 마을 이장을 하기로 결심하고 주민들과 함께 아파트 건설 반대 운동을 펼쳤어요.

군수 면담, 군청 앞 기자회견과 집회, 군수 확약서 받기, 도청 앞 시위, 도지사 면담, 도청 앞 1인 시위, 현장 앞 릴레이 시위, 국회 앞 1인 시위, 청와대 앞 1인 시위, 그리고 행정심판 청구, 행정소송 등 사방팔방으로 노력했지요. 하지만 결과는 좋지 않았어요. 아파트 반대 운동은 마치 '다윗과 골리앗의 싸움'처럼 역부족이었어요.


## 마을 공동체를 만들다

하지만 그 과정에서 주민들끼리 끈끈한 유대가 생겼어요. 힘들수록 서로 힘을 뭉치다 보니 그렇게 된 것 같아요. 아파트를 지어 돈을 벌려고 하는 사람들과의 싸움에는 졌지만, 돈이 아닌 새로운 가치를 마을 사람들과 나눌 수 있었어요.

예를 들면, 마을 회관에서 일주일에 두 번 정도 요가 교실을 열었고 세 차례에 걸쳐 골목 축제를 열어 주민들과 대학생들이 즐겁게 어우러졌죠. 구경 온 다른 마을 주민들이 부러워할 만한 일이었어요. 새로 만든 마을 도서관에서 월요일부터 목요일까지 마을 글쓰기 교실을 운영했고, 한 달에 한 번씩은 마을 영화관을 열었어요. '한 아이를 키우기 위해선 온 마을이 필요하다.'는 말처럼 어린아이부터 대학생, 어른에 이르기까지 마을을 중심으로 건강한 생활 문화를 꽃피울 수 있게 하려는 노력이었지요. 이런 것이 모두 돈으로 환산하기 어려운 삶의 가치를 갖고 있다고 생각해요.

아파트를 지어서 돈을 많이 벌려고 하는 사람들과 마을 공동체를 이루고 사는 사람들, 둘 중에 누가 더 행복할까요? 누가 더 잘 살고 있는 것 같나요?

# 돈벌이 경제의 역설

사람들이 잘 살려면 경제가 잘 돌아가야 한다는 말을 흔히 하죠? 그런데 경제가 잘 돌아간다는 게 과연 어떤 뜻인지 생각해 본 적 있나요? 기업이 많은 이윤을 남기고 생산을 많이 하며, 주가가 오르는 것일까요? 가게마다 사람이 많고 장사가 잘 되는 것일까요? 안정된 직장을 다니고 소비나 저축을 많이 하는 것일까요? 자, 지금부터 '경제'라고 하면 떠오르는 몇 가지 상식을 짚어 보면서 새롭게 생각해 보기로 해요.

## 우리는 도대체 얼마를 벌어야 만족할까?

여러분은 인생에서 돈이 중요하다고 생각하나요? 돈이 최고의 가치라고는 생각 안 해도, 기본적으로 꼭 필요하다는 생각은 할 거예요. 그렇다면 돈을 어느 정도 벌면 될까요? 우선 이것부터 생각해 봅시다.

러시아의 대문학가 톨스토이의 작품 중에 「사람에게는 땅이 얼마나 필요한가」라는 단편소설이 있습니다. 같이 읽어 봐요.

START

파홈이라는 농부가 있었습니다. 그는 땅만 많다면 세상에 겁날 것이

없다며 심지어 악마도 두렵지 않다고 큰소리쳤어요. 이 이야기를

들은 악마가 파홈을 시험해 보기로 했습니다. 파홈에게는

땅이 없었는데, 땅을 살 좋은 기회가 찾아왔습니다.

저축한 돈과 새 망아지 한 필, 벌꿀 절반을

팔고, 아들을 하인으로 보내고, 동서

에게 돈을 빌려서 간신히

약간의 자기 땅을 마련

하지요. 땅값의 절반은 농사를

지어 갚기로 하고요.

풍년이 들어 빚을 모두 갚았어요. 그런데 파홈은

거기에 만족하지 못했어요. 땅을 사고 또 사도 더

많은 땅이 필요하다고 느꼈지요. 그러던 어느 날 바시키르의

유목지로 가면 땅을 싸게 살 수 있다는 이야기를 듣게 됩니다.

바시키르의 이장은 하루 동안 걸어서 돌아다닌 땅을 천 루블에 팔겠

다고 말합니다. 하루에 걷는 만큼 내 땅이 된다니 솔깃하지 않을 수 없

겠지요. 단, 조건이 있었습니다.

"어떻게 돌든 상관없지만, 반드시 해가 지기 전에 출발한 곳으로 돌아

와야만 합니다."

파홈은 아침 일찍 일어나 쉬지 않고 걷고 또 걸었습니다. 쉬고 싶었지만 쉴 수가 없었지요. 조금만 참으면 일생을 편하게 살 수 있다는 생각 때문이었어요. 그런데 이 땅도 좋아 보이고, 저 땅도 필요할 것 같아 자꾸만 가다 보니, 출발지에서 너무 멀어져 버렸어요. 해가 지기 전에 출발지로 돌아가야 하는데 말이죠.

파홈은 무사히 돌아올 수 있었을까요? 해가 지기 전에 가까스로 돌아오긴 했지요. 하지만 파홈은 그 자리에서 피를 토하고 죽어 버리고 맙니다. 결국 그가 차지한 땅은, 죽어서 묻힌 땅 2미터가량밖에 되지 않았습니다.

파홈의 이야기를 들으니 어떤가요? 욕심을 덜 부리고 조금만 일찍 돌아왔으면 그렇게 죽지 않고 좋은 땅을 가질 수 있었을 텐데, 왜 그렇게 바보 같았을까, 안타깝지요.

그런데 조금만 더 고생하면 좋은 땅을 얻을 수 있다고 생각하며 무작정 앞으로 나가는 파홈의 모습을 우리 주변에서도 쉽게 찾아볼 수 있어요. 우리나라 어른들은 하루에 10시간, 일주일에 50시간, 1년에 2,500시간씩 예사로 일을 하고 있어요. 당연히 세계 최고지요. 그리고 일을 하다가 다치거나 죽는 것, 즉 산업재해 수치도 세계 최고를 기록하고 있어요. 지금 고생해서 조금만 더 벌고 나중에 편히 살자는 생각으로 다들 그렇게 하는 거겠지요.

그런데 그 '조금만'은 어느 정도면 될까요? 여러분이 파홈이라면 어디쯤에서 멈춰서 돌아왔을 것 같나요?

● 레프 니콜라예비치 톨스토이(Lev Nikolayevich Tolstoy 1828~1910)
러시아의 위대한 소설가이자 시인이며, 개혁적 사상가로도 알려진 위대한 인물이죠. 그는 문학뿐 아니라 정치에도 지대한 영향을 끼쳤습니다. 백작의 지위를 가진 귀족이었으나, 대다수 가난한 사람들 편에 서서 너무 많은 재물을 소유한 러시아 귀족들을 비판했지요.

## 돈이 많을수록 행복할까?

소득이 증가하면 증가하는 대로 더 행복해진다고 말하는 사람들이 많죠. 여러분 생각도 그렇다고요? 정말 그럴까 곰곰이 생각해 보아요.

우선, 경제학자도 이것을 반박하는 주장을 해요. '이스털린의 역설'이란 말이 있어요. 미국의 리처드 이스털린 교수가 1974년에 한 논문에서 발표한 이론이에요. 일정한 소득 수준이 되어 사람들의 기본적 욕구가 충족되고 나면 소득이 더 증가해도 행복감은 더는 증가하지 않는다는 내용이에요. 그 이전에 사람들이 가졌던 생각, 즉 돈을 많이 벌면 벌수록 더욱 많이 행복해진다, 그래서 경제가 성장할

● 리처드 이스털린(Richard Easterlin 1926~ )
미국 뉴저지에서 태어나 서던캘리포니아 대학교에서 경제학을 가르치고 있는 교수랍니다. 그는 1946년부터 30개국의 소득 규모와 행복감을 추적 연구하여 1974년 그 결과를 논문에 담아 발표했지요. 그것이 바로 '이스털린의 역설'입니다.

수록 좋다는 생각을 크게 반박하게 된 이론이에요. 그 이후로도 많은 학자들이 연구를 통해 '이스털린의 역설'에 타당성이 있다고 주장했어요. 대개는 1인당 국민소득이 1만 5천 달러 정도를 넘으면 행복감은 소득과 비례해 증가하지 않는다고 해요.

오늘날 미국은 경제력 기준으로 세계 1등 국가로 알려졌어요. 세상에서 가장 많이 만들고 가장 많이 소유하고 가장 많이 소비하는 나라라는 말이죠. 미국의 총생산액은 세계 1등(약 16조 달러)이고 2등인 중국(약 8조 달러)보다 두 배나 더 많답니다. 그 뒤를 일본, 독일, 프랑스, 영국 같은 나라가 잇고 있지요(국제 통화 기금(IMF) 기준). 약 69억 명인 세계 인구의 5%밖에 되지 않는 미국인 약 3억 명이 지구 전체 자원의 25%에서 30% 정도를 쓴다는 통계치도 있어요. 그렇다면 과연 이 나라 사람들은 세상에서 가장 행복할까요?

2012년 12월에 코네티컷 총격 사건이 있었어요. 코네티컷 주의 한 초등학교에서 괴한이 총을 쏘아 무려 27명이 죽은 사건이죠. 이 같은 각종 총기 사고로 한 해에 평균 3만 명이 죽어 간다고 합니다. 이런 사회에서 살면서 행복할 수 있을까요? 오죽하면 미국에서 그렇게 많은 맥도날드 점포 수보다 총기 판매 점포 수가 3배 이상이 되었을까요?

여러 기관들이 실시했던 국제 여론조사에서도 마찬가지 결과가 나왔죠. 미국 갤럽이 2011년에 148개국의 15세 이상 국민 1천 명을 내상으로 행복도 조사를 했대요. 그 결과, 미국과 중국은 공동 33위를 했고, 일본은 59위, 한국은 97위를 했다고 해요. 그럼 1위는 어느 나라였을까요?

뜻밖에도 파나마와 파라과이 국민이 가장 행복하다고 느꼈다고 해요. 이 나라 사람들은 "잘 쉬었다고 생각한다." "온종일 존중받으며 살고 있다." "많이 웃으며 산다." "재미있는 일을 하거나 재미있는 걸 배웠다." "즐겁다고 자주 느낀다." 등과 같은 5가지 항목에 모두 높은 점수를 매겼다는 것이죠.

또 다른 여러 가지 국제 비교에서도 결과는 비슷해요. 부탄이나 코스타리카, 쿠바 등 비교적 가난하지만 평등하고 우애로운 나라들의 국민 행복도가 높은 것으로 나오지요. 특히 인구가 100만 명 정도인 히말라야 산맥 기슭의 작은 나라 부탄은 1972년부터 국민총생산(GNP) 대신에 국민총행복(GNH)이라는 것을 국정 지표로 삼고 있지요. 반면에 오로지 경제성장만 추구하는 한국이나 일본, 미국 사람들의 행복도는 훨씬 낮은 편이에요.

사실 이런 증거는 우리나라에서도 쉽게 찾아볼 수 있어요. 재벌이라면 돈이 많으니 행복할 것 같지요? 하지만 뉴스를 보면 그렇지도 않아요. 재산 때문에 가족이나 형제간에 소송하는 경우가 많잖아요? 또 걸핏하면 세금을 안 내고, 회사 돈을 빼돌리기도 하고, 회사를 일부러 부실하게 만들어 경찰에 고발당하고 감옥에 가기도 하잖아요. 안타깝게도 이들이 법대로 처벌을 받지 않는 경우가 많긴 하지만요. 이런 일에 휘말리는 사람들을 행복하다고 볼 수 있을까요? 돈이 많다고 해서 행복해지는 건 결코 아니라는 걸 아주 잘 보여 주지 않나요?

그러나 많은 사람이 여전히 돈을 더 많이 벌겠다고 나서고 있고, 나랏일을 하는 사람도, 언론도 대부분 경제가 더 성장해야 국민이 행복해질 수 있다고 말하고 있어요. 우리 역시 돈이 많을수록 좋다는 생각을 떨치기가 쉽지 않고요.


## 부가 늘면 가난이 사라질까?

우리가 보는 책이나 언론에서는 대개 이렇게 말하지요. "생산도 많이 하고 수출도 많이 해서 경제성장이 잘 되어야 모두가 잘 살게 된다."고 말이죠.

얼핏 보면 이 말은 틀린 점이 없어요. 그러나 앞에서도 보았듯이 경제력으로 세계 최고의 국가라고 해서 그 나라 사람들이 정말 잘 살고 있는 건 아니죠. 왜 그럴까요?

대개 기업가들이나 정치가들, 그리고 그 사람들의 처지를 대변하는 학자나 언론은 '트리클다운 효과'라는 전문 용어를 쓰면서 경제성장이 중요하다고 강조해요. 트리클다운 효과란 마치 탑처럼 그릇들을 켜켜이 쌓아 놓았을 때, 가장 위쪽 그릇의 물이 흘러넘치면 자연스레 아래쪽 그릇에도 물이 흘러내려 고이게 된다는 이론이죠. 그러니까 대기업이나 수출 기업들이 돈을 많이 벌면 자연스레 중소기업이나 일반 국민도 부자가 될 수 있다는 논리예요.

얼핏 보면 그럴듯하게 느껴져요. 하지만 이 이론은 수많은 학자가 반박하듯이 현실에서 잘 맞지 않아요. 오히려 맞지 않는 경우가 더 많아요. 왜 그럴까요?

크게 두 가지 문제가 있어요. 하나는 앞에서도 말했듯이, 윗물이 아래로 넘쳐 모두 부자가 된다고 행복해지는 건 아니라는 점이죠. 그리고 둘째는, 실제 경제 현실은 이 설명처럼 자연 현상과 같지 않다는 점이죠. 윗물이 넘쳐흘러 아래로 가는 것이 아니라 오히려 아랫물을 뽑아 올려 위로 가지고 가는 일이 더 많거든요.

자동차 수출 기업을 예를 들어 볼게요. 우리나라의 대표적인 자동차 대기업들은 약 3천여 개의 부품을 완성차로 조립해서 수출해요. 그런데 이 대기업들은 수출 경쟁력을 높이기 위해서라며 부품을 공급하는 작은 기업들에 정당한 돈을 주지 않는 일이 많아요. 노동자들에게는 납품 기한을 맞추기 위해서라며 밤낮으로 일하라고 강요하지요. 그러다 보니 노동자들은 주야 교대로 일을 해야 해서 가족 얼굴도 제대로 못 보고, 때로는 일터에서 사고를 당해 다치거나 죽기도 해요.

중소·영세 기업은 더욱 어렵죠. 비정규직은 이중 삼중의 고통을 받으며 일을 해야 해요. 정규직보다 월급도 적고 언제 잘릴지 모르면서 말이죠. 그렇게 해서 자동차를 만드는 대기업이 돈을 많이 벌면 그 돈을 중소기업이나 노동자, 국민들에게 나눠 주던가요?

오늘날 한국의 대표 기업이라고도 불리는 현대 자동차의 경우 연간 순이익이 약 10조 원에 가깝죠. 그 회사를 대표하는 정몽구 회장은 8조 원 정도의 자산을 소유하고 있다고 해요. 그런데도 현대 자동차는 8천여 명에 이르는 불법 하청 노동자를 정규직으로 전환하지 않고 있어요. 2010년과 2012년에 대법원에서 두 번씩이나 '사내 하청은 잘못된 것 이니 정규직으로

전환해야 한다.'는 취지의 판결을 내렸는데도 말이죠. 2012년 국회
국정감사에서 심상정 의원이 발표한 자료를 보면, 현대차의 연간
순이익 중 6%만 써도 불법 하청 노동자를 정규직
노동자로 전환할 수 있다고 해요. 돈이 문제가
아니란 말이죠. 돈은 이미 넘치니까요.

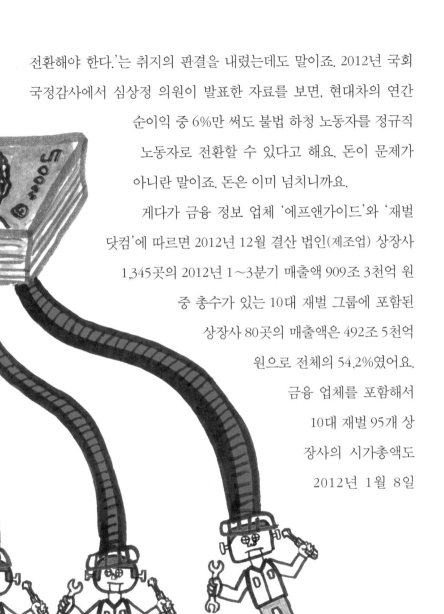

게다가 금융 정보 업체 '에프앤가이드'와 '재벌
닷컴'에 따르면 2012년 12월 결산 법인(제조업) 상장사
1,345곳의 2012년 1~3분기 매출액 909조 3천억 원
중 총수가 있는 10대 재벌 그룹에 포함된
상장사 80곳의 매출액은 492조 5천억
원으로 전체의 54.2%였어요.
금융 업체를 포함해서
10대 재벌 95개 상
장사의 시가총액도
2012년 1월 8일

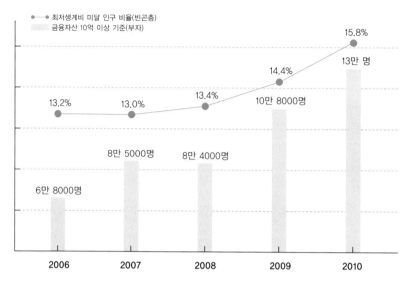

● ● 최저생계비 미달 인구 비율(빈곤층)
▨ 금융자산 10억 이상 기준(부자)

15.8%

13만 명

14.4%

13.2%　　13.0%　　13.4%

10만 8000명

8만 5000명　　8만 4000명

6만 8000명

2006　　2007　　2008　　2009　　2010

소득이 최저생계비에 미달하는 빈곤층 인구의 비율과 금융자산 10억 이상 부자 수 그래프예요. 빈곤
층과 부자가 나란히 증가하는 것을 볼 수 있죠. 최저생계비란 건강과 문화적인 생활을 유지하기 위
한 최소한의 비용으로, 2014년 보건복지부는 4인 가구 1,630,820원, 대법원은 2,446,203원으로 발
표했어요. 이 표의 빈곤층에는 최저생계비 120% 이하 가구(2003년 15%, 2006년 12.68%, 2010년
11.74%)가 빠져 있어요. (보건복지부, 통계청, KB 금융지주 자료 참고)

기준, 733조 9천억 원으로 전체 시가총액의 57.9%고요. 더 놀라운
것은 삼성전자, 현대자동차, 기아자동차 등 3개의 기업이 벌어들이
는 순이익이 전체 30대 기업이 버는 순이익의 55%를 차지하고 있
다는 것이랍니다.

"과거엔 유리잔이 흘러넘치면 가난한 자들에게 혜택이 돌아간다
는 믿음이 있었지만, 지금은 유리잔이 가득 차면 마술처럼 잔이 더
커져 버린다."

프란치스코 교황이 하신 말씀이에요. 정말 정확한 비판 아닌가요? '트리클다운 효과'와 대비해서 이런 상황을 설명하는 또 다른 용어가 있어요. '펌핑업 효과'라고 하지요. 마치 시골 할머니 댁에서 샘물을 뽑아 올리던 펌프처럼 아래쪽 물을 위로 끌어올리는 것과 같아요. 2004년 이후 우리나라 부자의 생성 속도가 세계 1위를 달릴 때 가난한 사람이 가장 많이 늘어났다는 보고가 이를 단적으로 말해 주지 않나요?

## 인간의 욕구는 정말 무한할까?

돈벌이 경제를 이야기하는 책들은 대체로 이렇게 말해요. "인간 욕구는 무한한데 자원은 제한적이다. 이런 희소성의 원리에 따라 효율성을 높여 많이 생산해야 한다." 이런 식이지요. 이 말도 얼핏 보면 잘못된 것은 아닌 것처럼 보이죠. 그러나 이 말은 결국 인간성보다는 효율성, 삶보다는 돈, 생명보다는 이윤을 중시하는 논리 속으로 우리를 끌고 들어가 꼼짝할 수 없는 덫에 갇히게 한답니다. 왜 그럴까요?

우선, 자원이 제한적이란 말은 맞아요. 지구는 예나 지금이나 단 하나뿐이니까요. 그런데 자원이 제한적이라면 세상의 모든 자원을 정말 아끼고 절약하고 보존하며, 다른 편으로 재생할 수 있는 것을 만들어 내기 위해 온 힘을 다해야 하지 않을까요?

그러나 지금 세상은 어떤가요? 많이 만들어 내고, 많이 사고, 많이 써야 한다고 안달이 나 있지 않아요? 노동자는 대량 생산을 하느라 밤낮을 가리지 않고 일하고, 소비자는 대량 소비를 하지 않으면 비참해지는 것처럼 부추김을 당하고 있어요. 텔레비전과 인터넷 사이트 등 온갖 미디어에서는 물건을 사라고 광고하며 온갖 유행을 마구 퍼뜨리고 있지요. 그런 흐름에 휩싸여 우리는 자기도 모르게 물건을 사고, 또 충분히 쓰지 않고 쓰레기로 버리지요. 온 세상이 대량으로 쓰레기를 만들어 내는 셈이 아닌가요?

기업들은 자동차나 컴퓨터 같은 것은 잘 만들어 팔지만, 석유도 나지 않는 우리나라가 절실히 필요로 하는 태양광 전기는 별로 많이 생산하지 않아요. 아, 태양광이나 풍력, 조력 등을 이용한 재생 가능 에너지 사업에 몇몇 대기업이 손을 대기는 했지요. 하지만 이익이 크게 나지 않는다 하면 손을 떼기 일쑤예요. 게다가 산이나 바다를 크게 해치면서 자연에너지를 만든다니 이것도 앞뒤가 맞지 않아 보여요.

휴대전화를 볼까요? 요즘 나오는 스마트폰은 거의 매일같이 충전해야 하지요. 그런데 왜 태양광 전지 같은 것을 부착한 휴대전화는 만들지 않을까요? 수명은 어떻고요? 자동차나 휴대전화, 컴퓨터 같은 것은 평생 사용할 수 있도록 하면 좋을 텐데 1~2년만 지나면 새 제품을 사라고 부추기고 있어요. 부품을 바꾸려 해도 더는 부품을 생산하지 않으니 차라리 새 걸로 교환하라고 하잖아요? 이렇게 기업은 사람들이 실제로 필요로 하는 욕구에 제대로 부응하지 않고 있어요. 결국, 지금의 경제 시스템은 희소한 자원을 낭비하면서 인간의 욕구도 제대로 만족하게 해 주지 못하고 있는 셈입니다.

우리의 욕망이 무한하다는 말도 다시 한 번 생각해 볼까요? 아무리 배가 고파도, 양껏 먹고 배가 부르면 더는 먹지 않지요? 아무리 목이 말라도 갈증이 해소되면 더는 마시지 않고요.

아이들의 장난감을 생각해 볼까요? 장난감 하나를 사 주면 아이들은 그걸로 만족하지 않고 또 다른 걸 사 달라고 하죠. 또 다른 걸 사 주어도 아이들은 금세 잊어버리고 또 다른 걸 사 달라고 해요. 이런 모습을 보면 정말 인간의 욕구는 무한한 것 같죠?

그런데 여러분이 어렸을 때를 가만히 떠올려 보세요. 장난감 자체가 좋고 필요해서 사 달라고 하는 경우도 있었겠지요. 하지만 함께 놀 친구가 없어 심심할 때나 엄마 아빠의 관심과 사랑을 받고 싶을 때, 장난감을 사 달라고 조르지는 않았는지요.

아이들에게 있는 기본적인 욕구는 사랑이에요. 부모가 사랑하는 마음으로 아이와 잘 놀고 함께 재미있게 산다면 굳이 아이가 자꾸만 장난감을, 그것도 갈수록 더 좋은 걸 사 달라고 하지 않아요. 아이는 부모로부터 조건 없는 사랑을 충분히 받으면 내면이 안정적으로 성장해 줏대 있는 사람으로 자라게 돼요. 그러나 사랑이 결핍되면 내면이 불안하고 공허하니까 자꾸만 다른 것을 통해 시선을 끌려고 해요. 그것도 안 되면 주변 사람을 괴롭혀서 뭔가 힘자랑이라도 하고 싶어 하죠.

이처럼, 우리의 욕망은 한도 끝도 없다고 하는데 이것 또한 모두에게 해당하는 말은 아니에요. 온 사회가 경쟁이 아니라 협동으로 움직이는 것을 잘 알고 있는 사람, 주관이 제대로 선 사람은 무한히 부자

● 헨리 데이비드 소로(Henry David Thoreau 1817~1862)
미국의 철학자이자 문학가예요. 1854년에 발표한 『월든―숲 속의 생활』이라는 책은 우리에게도 잘 알려졌지요. 그는 일생을 물질에 대한 욕망 없이 자연과 더불어 사는 삶을 추구했어요.
『인도사전(124쪽)』에서 이어집니다.

가 되려고 하지 않거든요. 헨리 데이비드 소로나 헬렌 니어링과 스콧 니어링 부부 같은 위대한 인물을 예로 들지 않아도 좋아요.

영화 「워낭소리」를 보았나요? 그 영화에 나왔던 주인공 어른들을 떠올려 보세요. 더 가까이 우리 할머니나 할아버지를 보세요. 엄청난 부자가 되기를 바라시나요? 그저 먹고사는 데 필요한 농토와 가축, 그리고 편히 쉴 수 있는 집, 온 가족의 건강과 우애, 이웃과의 좋은 관계, 이런 정도만 잘 갖추어져도 충분하다고 하시지 않나요?

우리의 인간적 욕구란 인간답게 먹고살고자 하는 데 충분한 정도면 된다는 것을 알 수 있네요. 그리고 이 쓸데없는 욕구에 휩쓸리지 않으려면 우리의 내면이 안정적이고 자율적이어야 한다는 것도요.

● **헬렌, 스콧 니어링 부부**(Helen Nearing 1904~1995, Scott Nearing 1883~1983)
헬렌과 스콧 니어링 부부는 미국의 유명한 환경운동 가이자 베트남전 반전 활동가로 유명하죠. 헬렌 니어링은 바이올린 연주자였고 스콧 니어링은 펜실베이니아 대학교를 졸업하고 경제학 교수를 지냈답니다.

「인물사전(25쪽)에서 이어집니다」

이제부터라도 우리는 이렇게 말해야 하겠어요. "인간의 욕구는 유한하지만, 돈벌이 경제 때문에 마치 무한한 것처럼 만들어져 왔다."

## 은행의 비밀―신용인가 빚인가?

은행은 참 신기하지요? 적은 돈이라도 갖다 맡겨 놓으면 나중에 그 돈에 이자를 붙여 주니까요. 얼핏 보면 고마운 곳으로 느껴지기도 해요. 그런데 은행이 어떤 원리로 작동되는지를 잘 살펴보면 우리가 상상한 것과는 전혀 다른 그림이 그려질 수 있어요.

우선, 은행이란 결코 자선 기관이 아니에요. 돈을 빌려 주고 이자로 돈을 버는 사업체지요. 우리가 저금했을 때 주는 이자는 그다음의 문제예요. 무슨 말이냐 하면, 먼저 은행이 돈을 벌어야 그 일부를 우리에게 이자로 줄 수 있다는 말이에요. 그래서 은행은 누군가에게 돈을 빌려 주어야 하고 돈을 빌려 준 대가로 이자를 벌어들인 다음 저축한 사람에게 이자를 조금 붙여 주어요. 한마디로 돈 장사를 하는 곳이 은행이에요.

은행이 개인이나 기업에 대출해 주려면 그 이전에 빌려 줄 수 있는 돈이 있어야 하겠죠? 그러면 그 돈은 어디서 오는 걸까요? 은행가가 사업을 시작할 때 모은 돈, 즉 자본금이 될 수도 있고 아니면 누군가 저축한 돈, 즉 예탁금이 될 수도 있죠. 현실에서는 이 두 가지가 모두 섞여 있어요. 요약하면 자본금이나 예탁금이 갖추어져 있어야 돈을 빌려 주고 이자를 벌 수 있는 것이죠.

그런데 은행은 돈을 과연 얼마나 갖고 있어야 할까요? 예를 들어 볼게요. 어떤 기업을 경영하는 사람이 새로운 기계(약 3억 원)를 사는데 돈이 부족해 1억 원을 은행에서 빌린다고 합시다. 이 사장은 은행에 가서 집이나 사업체를 담보로 잡아요. 즉, 돈을 못 갚을 경우 그것으로 대신 갚겠다고 약속하는 거지요. 그리고 1억 원을 빌려요.

그런데 은행은 이 사장에게 현금으로 1억 원을 줄 수도 있지만, 대개는 통장에 숫자로만 1억 원을 입금하지요. 사장은 통장의 1억 원에다 자기 돈까지 보태서 새 기계를 살 수 있어요. 그 기계를 판 사람도 3억 원이나 되는 돈을 굳이 현찰로 받을 필요는 없어요. 현금으로 가지고 있으면 오히려 위험하기도 하니, 자기 통장에 3억 원이 입금된 것을 확인하고 기계를 넘겨 주면 그만이지요.

우리의 일상생활에서 현금을 쓰고 받기도 하지만, 통장에서 통장으로 이동하는 돈까지 포함하는 전체 돈에 비해서 종이돈으로 돌아다니는 액수는 아주 적어요. 바로 여기에 은행의 또 다른 비밀이 숨어 있어요. 그것은 은행이 현금으로 1천만 원만 있어도 그 10배에 해당하는 1억 원의 돈을 빌려 줄 수 있다는 것이죠. 왜 그럴까요? 지급준비금 제도, 정확하게 말하면 부분 지급준비제도가 있어서 가능한 일이에요.

그럼 이 부분 지급준비제도란 무엇일까요? 그것은 은행이 대출할 돈의 10%만 현금으로 가지고 있어도 그 돈을 다 대출할 수 있다고 제도적으로 허용하는 것을 말해요. 예컨대, 앞의 사례에서 은행이 사업주에게 1억 원을 빌려 주긴 했지만 실제로 은행의 금고에는 그 10%인 1천만 원만 있어도 된다는 말이죠. 왜냐고요? 어차피 사업주가 1억 원을 현금으로 다 갖고 가진 않으니까요. 앞 사례에서 보았다시피 은행은 그냥 통장에 1억 원이라는 숫자만 찍어 주고 사실상 종이돈 1만 원도 직접 주지 않았잖아요.

여기서 한 가지 의문이 들어요. 만약 돈을 빌리고 싶은 사람들이 모두 은행으로부터 현금만 달라고 하면 어떻게 될까요? 아니면, 영화 「메리 포핀스」에 나오는 것처럼 저축한 사람들이 모두 자기 돈을 당장 찾겠으니 모두 현금으로 내놓아라 하면 어떻게 될까요? 만일 그렇게 되면 은행은 당장 파산하고 말겠지요. 왜냐하면 은행 금고 속에 그만큼의 돈은 없거든요.

그렇다면 부분 지급준비제도로 은행이 파산하지 않고 현실 경제가 그럭저럭 잘 돌아가는 이유는 무엇일까요? 그것은 한두 사람이 아니라 수많은 사람이 은행에 와서 저축(예탁)이나 대출(융자)에 참여하면서도 그 모두가 동시에 현금을 요구하지는 않기 때문이에요. 아, 여기서도 하나의 원리를 발견할 수 있군요. 즉, 은행 거래에 참여하는 사람의 수가 많아질수록 은행은 더 많은 신용(대출)을 만들

수 있다는 것이죠. 만일 거래에
참여한 사람이 몇 명 되지
않고 모두 현금 거래만 원한
다면 아마도 그 은행은 얼마
가지 못하겠죠.

　이렇게 은행이 당장 가진 현금이
많지 않아도 그것보다 10배나 더 많은
돈을 만들어 경제 흐름 속에 돌리고 있는데, 이것은 일종의 가짜 돈,
숫자로만 존재하는 돈이에요. 그런데도 사람들은 통장이나 카드에
찍힌 숫자만 보고 "내 돈이 얼마 들어왔구나."하면서 그걸로 물건을
사기도 하지요. 또 물건을 파는 사람도 신용카드로 결제된 숫자만
보고 "아, 오늘은 얼마를 벌었구나."하고 안도의 한숨을 내쉬지요.
물론 현금도 받지만요. 이렇게 숫자로만 된 가짜 돈을 만들어 내는
것을 경제학책에서는 '신용 창조'라고 말해요. 용어는 그럴듯하지
만, 사실은 돈이 허공에 떠 있다는 말이죠.

　또 하나 흥미로운 점이 있어요. 은행이 돈을 빌려 줄 때는 가짜 돈
을 빌려 주지만, 은행에서 빌린 돈을 갚을 때는 절대로 가짜 돈으로
갚을 수 없다는 점이죠. 영화 「김씨 표류기」를 보면 주인공 남자가
직장에서 해고되면서 신용카드로 쓴 돈, 즉 은행에서 빌려 쓴 돈을
갚지 못해 신용불량자가 되어 쫓기고 쫓기다 마침내 한강에 투신자

살하는 장면으로 시작해요.

　이렇게 은행은 돈이 10%만 있어도 100% 있는 것처럼 돈 장사를
하지만 우리 개인이나 기업은 실제로 번 돈을 손에 쥐고 있어야 대
출 원금과 이자를 모두 갚을 수 있어요. 좀 쉽게 말하면, 은행은 가짜
돈을 빌려 주고 나중에는 더 많은 진짜 돈을
거둬들여요. 그리고 그 불어난 진짜 돈의 10배
정도를 가짜 돈으로 빌려 주고 또 더 많은
진짜 돈을 거둬들이고요. 이런 식으로 돌아
가는 것을 알고 나니, 이제는 우리가 저축한
돈에 은행이 이자를 붙여 주는 것이 결코
자선사업처럼 하는 것이 아님을 알 수
있겠지요?

　결국은 허공에 뜬 돈까지 포함해서
돈 장사를 하는 것에 불과하다는 것,
그리고 그 종잣돈은 은행가가 자본금
으로 마련한 돈도 포함되지만, 우리가
저축한 진짜 돈에서 출발한다는 것을
알 수 있네요. 내가 이자 좀 붙여 달라고
맡긴 돈으로 은행은 뻥튀기 장사처럼
가짜 돈을 만들어 더 많은 돈을 벌어들인

뒤 나에게 그 일부분을 나눠 주는 게 은행 이자의 비밀이군요. 이렇게 보니, 왜 우리 주변에 그렇게도 은행이 많이 존재하는지, 그 까닭도 잘 알 수 있죠?

## '금융 위기'의 진실은?

은행하면 떠오르는 또 다른 단어가 있나요? '금융 위기'라는 말이 떠오르네요. 가깝게는 2008년 미국에서 시작되었던 금융 위기, 거슬러 올라가자면 1997년 우리나라를 덮친 외환 위기 – 구제금융 사태가 왜 생겼는지 알아보아요.

은행이 수많은 사람에게 자기가 가진 돈의 10배 정도에 이르는 가짜 돈을 빌려 주면 (학자들은 이를 신용 대출 또는 여신 거래를 통한 신용 창출이라고 말해요.) 전체 사회는 어떻게 움직일까요? 장사를 하건 공장을 운영하건, 자금이 풍족해진 사업가들은 쉽게 사업체를 경영하게 되겠죠. 흔히 하는 말로, 투자가 활발해지고, 주식 시장도 들썩거리게 돼요. 그 와중에 여유가 있는 사람들은 고급 백화점을 찾고 명품을 찾을 거예요. 영화 「타워」에 나오는 부자들처럼 최고급 아파트에 모여 환상적인 파티를 즐기려고도 하겠지요. 이런 식으로 온 사회의 경제가 겉으로 보기에는 활기가 넘치고 풍성해지는 듯해요.

그런데 만일 무슨 사정이 생겨서 돈을 빌려 준 은행들이 갑자기 당장 돈을 갚으라고 하면 어떻게 될까요? 예컨대, 투기성 자금들이 한꺼번에 다 빠져나가면서 은행이 부도 위기에 몰리는 경우가 생길 수 있거든요. 그럼 그 은행에서 돈을 빌린 사람은 모두 현금으로 갚아야 해요. 그러나 대부분은 현금으로 갚을 능력이 없어요. 그래서 담보로 잡힌 부동산을 급히 팔게 되겠죠.

집이나 땅, 혹은 회사를 파는 사람이 많아질수록 부동산 가격은 자연히 내려가요. 그래도 빚을 다 갚지 못한 이들은 파산하게 되고요. 실업자가 폭증하고, 주식 가격은 폭락하죠. 이제 시중에 돌아다니는 현금은 급격히 줄어들어 돈 구경을 하기 힘들게 돼요. 정부의 살림살이인 재정도 극도로 나빠져 사회복지 같은 분야의 지출을 줄여요. 세금은 더욱 올리게 되고요. 돈을 돌려받지 못한 은행은 수익성 악화를 방지한답시고 이자율을 더 높이겠죠. 그럼 돈을 갚지 못한 사람들은 더욱 큰 고통에 시달리게 되지요.

그럼 이렇게 해서 세상이 완전히 망해 버릴까요? 그렇지 않아요. 이렇게 어두운 부분이 있으면 밝은 부분도 있거든요. 은행 입장에서는 그런 상황이 한마디로 '대박'이에요. 진짜 돈 조금만 가지고서 가짜 돈을 10배씩이나 빌려 준 은행이 진짜 돈을 거둬들이니 이건 갈고리로 황금을 끌어들이는 것이나 다름없는 일이에요. 한편으론 부동산이나 사업체들이 값싸게 매물로 나오니 은행은 웃음을 애써 참

으며 돈 되는 것들을 골라잡을 수 있어요. 물론 몇몇 은행은 이 와중에 문을 닫게 되겠지만요.

이다음에는 인수니 합병이니, 구조 조정, 경영 개선, 워크아웃, 경영 합리화 같은 조치들이 뒤를 잇게 돼요. 경제 뉴스를 보면 약방의 감초처럼 나오는 말들이지요. 그다음엔 더 많은 돈을 붙여 팔아먹고요. 예전처럼 이자로 돈을 버는 게 아니라 부동산이나 사업체를 팔아서 돈을 버는 거예요. 어차피 '돈 놓고 돈 먹는' 일을 한다는 점에서는 별반 차이가 없지만요.

이런 경제 위기만이 아니라 전쟁이 일어난 경우에도 비슷한 과정이 전개되면서 은행은 큰돈을 벌어요. 요점만 말하면, 전쟁이 나면 은행은 군수 사업체와 협력해서 돈을 더 잘 벌게 돼 있어요.

그리하여 돈벌이 경제는 다시 전열을 가다듬고 새 출발을 한답니다. 다시 은행은 사업체들을 팔아먹고 그들에게 돈을 빌려 주어 더 많은 돈을 벌어들이라고 주문하고, 부동산을 팔거나 빌려 준 다음에 거기에 또 다른 사업을 하라고 부추기기도 하지요. 그렇게 가짜 돈들이 시중에 풀려나가는 거예요. 그럼 뉴스에서는 다시 경제가 살아난다고 떠들어 대는 거고요.

우리의 눈을 세계로 돌려 보면 어떻게 될까요? 앞서 말한 은행들이 세계 차원에서는 국제 통화 기금(IMF), 국제 결제 은행(BIS), 세계 은행(WB) 등이라 볼 수 있죠. 물론, 미국이나 영국의 대형 은행들도

많지만요. 이들은 세계 무역 기구(WTO) 같은 기구를 만들어 놓고 수입관세 철폐니 무역 자유화니 하는 구호를 내세우며 세계 각국에 자유무역을 거의 강제하고 있지요. 심지어 각종 자유무역협정(FTA)을 만들어 가난한 나라들에도 거의 강제적으로 수입을 강요하고 원조나 구제금융 등을 통해 엄청난 이자 놀이를 하고 있어요.

우리나라도 1997년 IMF에서 구제금융을 받아야 했던 일이 있었어요. 경제 전반이 급속히 악화하면서 우리나라가 다른 나라에서 빌린 돈을 갚지 못하는 국가 부도 사태가 날 뻔한 거예요. 하는 수 없이 IMF에서 돈을 빌렸지요. 회사들이 문을 닫고 사람들이 해고되고 온 국민이 몹시 힘들었지요. 이 기억은 아직까지 우리 사회에 깊은 상처로 남아 있답니다. 어른들에게 한번 물어보세요.

그런데 지난 수십 년 동안 선진국이나 선진국 은행들이 중, 후진국들로부터 거두어 간 돈은 원조하거나 빌려 준 돈보다 7배나 더 많다고 해요. 어디 돈만 그런가요? 그동안 각종 원료나 석유 등 자원을 빼앗아 간 것, 노동력을 싼값에 쓴 것까지 치면 그 규모는 천문학적이에요. 높은 사람들은 이런 것들을 간단히 '세계화'라고 하며 대수롭지 않게 말하죠. 우리는 또 그런 논리를 마치 듣기 좋은 꽃노래처럼 자연스레 받아들이기도 해요. 하지만 이제부터라도 제대로 생각해 보아야겠지요?

이건 사람들의 진짜 필요를 충족시키는 일이 아니에요. 은행이 만들어 놓은 허구적인 가치를 놓고 돈 먹는 게임을 하는 거품에 불과해요. 그런 가운데 자연과 사람, 공동체는 점점 망가져만 가는데도 아무도 거들떠보지 않지요. 한쪽에서 추구하는 무한 이윤의 힘 때문에 다른 편에서는 무한 파괴가 진행되고 있는 것, 바로 이것이 우리가 똑바로 보아야 할 현실이에요.

## ● 세계 금융 기구가 주도한 구조 조정

2009년 3월 28일 런던에서 열린 G20 반대 행진이에요. G20을 상징하는 돈뭉치 괴물 앞에 '세계의 가난한 사람들에게 정의를'이라는 팻말이 보이네요.

**IMF(국제 통화 기금 International Monetary Fund)는** 1944년 제2차 세계대전 후 세계경제를 복구하기 위해서 영국과 미국이 주도하여 세운 국제기구예요. 나라 간의 환율이나 국제 무역 수지를 감독하고 가입국에 돈을 빌려 주기도 하지요. 점차 가입국이 늘어 총 185개국이 가입해 있어요. 미국이 자본금의 17.4%를 차지하고 그 뒤를 일본, 중국, 영국과 독일 등이 잇죠. 이 외에 국제 금융 기구로 세계은행그룹(World Bank Group), 세계은행(World Bank)이 있어요.

**IMF나 세계은행이 돈을 빌려 줄 때 이자만이 아니라** 강력한 구조 조정을 조건으로 내세워요. 경제를 발전시킨다는 명목으로 경제 구조와 금융을 세계에 개방하고 규제를 없애고 시장 주도 구조로 바꾸게 하죠.

**하지만 결과는 정반대였어요.** 아프리카 사하라 사막 이남의 47개 정부 중에서 30개 정부가 돈을 빌리며 구조 조정을 시행했어요. 하지만 이들 나라의 평균 국민총생산은 1980년대에 해마다 2.2%씩 떨어졌어요. 1990년 1인당 국민소득이 1960년대 수준으로 후퇴한 반면 외채는 1980년보다 2.5배 이상 증가했고요. 외화를 벌기 위해 나무를 비롯한 천연자원을 마구 '개발'한 결과 농업이 파괴되고 사막화가 가속화되고, 선진국의 해로운 쓰레기를 받아들여야 했지요.

**남미도 마찬가지였어요.** 멕시코의 경우 인구의 50%가 실직이나 불완전고용 상태가 되었어요. IMF에서 일하다 뛰쳐나온 데이비슨 버드후라는 사람은 1980년대 들어 멕시코 실질임금이 75% 이상 감소했다고 고발한 바 있죠.

**우리나라도 IMF 구제금융을 받은 이후 '구조 조정'이** 상시화되어 사회가 매우 불안정해졌어요. 세계 자본이 마구 들어와 큰 이익을 챙긴 뒤에는 세금도 제대로 내지 않고 철수하는 일도 있었고요. 쌍용자동차 같은 경우는 외국 기업이 인수하고 대량 해고를 한 뒤 무책임하게 철수하는 바람에 많은 사람이 희생되기도 했어요.

**이에 맞서는 움직임도 많이 있었어요.** 국제기구들의 회의가 열릴 때마다 그에 반대하는 시위가 벌어졌고요. 2011년 9월부터 약 6개월간 미국 뉴욕 월스트리트를 중심으로 '점령하라'라는 시위가 펼쳐져 전 세계 도시로 확산하기도 했었지요.

**구조 조정이란 말 자체는 경제나 사회 구조를 변화시킨다는 말이죠.** 기업이나 정부가 이 말을 쓸 때는 주로 저부가가치 산업을 고부가가치 산업 위주로 바꾼다거나 이윤이 더 많이 나는 부문을 살리고 약한 부문은 정리하고, 인원을 감축하는 식으로 더 많은 돈을 벌려는 방안일 경우가 많아요. 하지만 우리의 가치 기준을 이윤이나 돈이 아니라 사람, 삶의 질과 행복이라는 것으로 바꾼다면 그에 따라 구조 조정의 방향도 전혀 달라지겠죠?

# 경제는 살림이다

이제 돈벌이 경제와 대비되는 살림의 경제 원리를 알아볼까요? 살림의 기본은 말 그대로 삶의 기본을 튼튼히 하는 데 있어요. 살림을 어른들은 종종 '먹고사는 일'이라고 하는데, 기본 중에서도 기본은 역시 '먹는 것' 아닐까요? 먹거리를 생산하는 일이 경제에서 그만큼 중요하다는 말이죠. 그럼 이를 비롯한 우리나라의 살림살이는 어떤지 살펴보도록 해요.

## 돈 버는 인생과 보살핌의 인생

미국에 '석유왕'으로 불리는 J. D. 록펠러라는 사람이 있었지요. 록펠러는 '스탠더드오일'이라는 정유 회사를 설립해 33세에 백만장자가 되었어요. 10년 뒤엔 미국 최고의 부자가 되었고요. 또 그 10년 뒤인 53세엔 세계 최고의 부자가 되었어요.

　정말 대단하다고요? 하지만 그는 이렇게 부자가 되기까지 노동자들에게 정당한 대가를 지급하지 않았어요. 또 많은 정치가에게 뇌물을 주고, 독과점으로 가격을 조작하는 등 비윤리적인 방법을 동원했다고 해요.

그렇게 돈을 버니 속마음이 편치 않았는지, 록펠러는 55세 때 불치병에 걸려 1년 이상 살기 어려울 것이라는 의사의 진단을 받았지요. 아무리 부자여도 오래 살지 못한다면 무슨 소용이 있겠어요?

그런데 그는 병원을 오가던 중 돈이 없어 수술을 받지 못한 소녀를 알게 되었대요. 그리고 소녀를 도왔지요. 록펠러는 이 일을 계기로 자선사업을 시작했어요. 아프기 전만 해도 수단과 방법을 가리지 않고 돈을 벌기 바빴고, 이는 세상은 물론 자신까지 죽이는 과정이었지요. 그러다가 몸이 심하게 아파지고 나서 이웃을 보살피는 과정, 즉 살리는 과정을 시작한 거예요.

좋은 일을 해서인지 신기하게도 록펠러의 불치병은 다 나았다고 합니다. 자그마치 98세까지 장수했다고 해요. 나중에 그는 자서전에서 "인생 전반기 55년은 쫓기며 살았지만, 후반기 43년은 행복하게 살았다."라고 했지요.

나는 이 이야기가 경제의 의미를 상징적으로 잘 보여 주고 있다고 생각합니다. 잘 살겠다고 돈벌이에만 전념하는 삶은 죽음에 이르는 병을 가져오고, 반대로 이웃을 도우며 보살피는 삶은 행복을 가져오는 것이지요.

## 경제의 원래 뜻은 살림이다

흥미롭게도 '경제'라는 말의 본뜻도 돈벌이보다는 보살핌이나 살림에 가까워요.

원래 경제란 말은 한자 '경세제민(經世濟民)'의 약자예요. 중국 수나라 때 왕통이라는 사람이 쓴 『문중자』라는 책에 나오지요. 세상을 잘 다스려 백성을 구제한다, 즉 세상을 잘 경영해서 사람들이 잘 먹고살도록 만든다, 이런 뜻이랍니다. 더 쉽게 말하면 경제란 백성(국민)의 살림살이를 돌보는 일이에요. 아주 옛날부터 경국(經國, 나라를 다스리다.), 제세(濟世, 세상을 구제하다.), 제민(濟民, 백성을 구제하다.) 등의 말이 쓰였어요. 모두가 '세상의 평화로운 살림살이'를 뜻한 말이었어요.

● 왕통(王通, 584?~616?)
중국 수나라 때의 유학사상가이며 제본명은 왕통 이고요. 공열이구 문중자라고도 해요. 유가 사상의 계승과 발전을 위해 연구을 바쳤어요. 또 당시 사람들이 농사를 천시하는 것에 반대해 검소 농사를 시...미 생활했어요.

경제는 살림이다    57

동양에서만 이렇게 생각했을까요? 영어로 경제를 이코노미 (economy)라 하지요. 이코노미는 원래 오이코스(oikos)와 노모스 (nomos)를 합친 말이에요. 오이코스는 '가정'을 뜻하고 노모스는 '경영'을 뜻해요. 그러니까 서양에서 경제는 가정 경영, 즉 살림살이를 뜻하지요. 살림살이의 기본 원칙 중 하나가 알뜰하게 절약하는 것이기 때문에 오늘날 '경제적(economical)'이라는 말이 '절약되는' 과 같은 뜻으로 쓰이는 거랍니다.

고대 그리스 철학자인 아리스토텔레스는 살림살이 경제를 오이코 노미아(oikonomia), 즉 '행복한 삶을 위해 가정을 이끄는 기술'이라고 하고, 그 살림살이를 위해 물자와 재물을 조달하는 기술을 크레 마티스티케(chrematistike)라 구분했지요. 이처럼 동양이나 서양이나

● 아리스토텔레스(B.C. 384~322)
고대 그리스의 철학자로 플라톤의 제자이지요. 과학, 수학, 논리학, 예술 등 다방면에서 많은 책을 썼습니다. 그는 경제에 대해서도 박식했는데 이코노미(economy)의 어원이 된 '오이코노미아 (oikonomia)'라는 말도 처음 사용했지요.

경제란 말은 결국은 먹고사는 것, 살림살이를 뜻합니다.

가정 살림살이는 먹는 것, 입는 것, 자는 것, 즉 식, 의, 주 같은 가장 기본적인 것을 스스로 만드는 것에서 출발했지요. 오래 전 원시 시대에는 사람들이 자연에서 나는 것을 자기 손으로 채취하고 사냥하고 손질해야 했어요. 지금으로부터 약 1만 년 전인 신석기시대가 되면 일정한 곳에 정착하여 농사를 짓기 시작했다고 해요. 가축도 기르고요.

혼자 했을까요? 그랬을 리는 없지요. 모여 살면서 함께했지요. 이렇게 모여 함께 일하고 살아가면서 점차 모여 사는 단위가 커지고 질서가 생기고 지식을 나누고 대대로 이어 주면서 문명이 만들어진 거예요. 무엇보다 중요한 것은 먹고사는 것을 오늘날처럼 시장에서 돈으로 사서 해결하거나 국가가 뭔가를 해 주기를 바랐던 것은 아니라는 점이에요. 할아버지, 할머니께 여쭈어 보세요. 먹는 것, 생활에 필요한 것 대부분을 시장이나 마트에 가서 사기 시작한 게 언제쯤이었는지. 우리나라만 해도 몇십 년도 안 된답니다.

그러면 사람들의 살림살이를 뜻하던 경제가 오늘날처럼 돈벌이를 뜻하게 된 것은 언제부터일까요?

## 팔아서는 안 되는 것이 상품이 되다

여기서 칼 폴라니라는 문화인류학자 또는 경제사학자의 이론을 빌려 오면 좋을 것 같아요. 왜냐하면 그는 인간 사회에서 상품화가 되어서는 안 될 것들이 상품화가 되면서부터 비극이 발생했다고 보거든요. 그 대표적인 것으로 세 가지를 드는데, 바로 토지, 노동, 화폐랍니다.

먼저 토지를 보죠. 사실, 집이나 땅, 농토와 산, 언덕 같은 토지는 이 세상 모든 사람이 누려야 할 삶의 토대예요. 이 세상에 태어난 사람이라면 누구든 일정한 공간에서 살아야 하니까요. 누구에게나 밤이슬을 피하고 편히 쉴 수 있는 집이 있어야 하지 않겠어요? 어느 광고에서처럼 '안경도 집이 있는데' 말이에요. 그래서 옛날 사람들은 같이 집을 짓고 같이 살았고, 남의 집도 힘을 모아 같이 지어 줬어요. 집은 살아가는 공간이지 사고파는 것은 아니었던 거예요. 일제 강점기 이전, 그러니까 1900년대 이전까지만 해도 집과 땅을 사고팔기는 했으나 돈을 많이 남기기 위해서는 아니었어요.

그런데 머리가 좀 잘 돌아가는 사람이 사람들이 많이 모여 살게 되는 걸 보니까, 집을 지어 수익을 남기고 팔면 돈이 되겠다 싶었을 거예요. 집 장사가 시작되었지요. 집이나 땅을 부동산이라 하니(반면, 현금이나 황금 같은 것은 동산이라 해요.), 부동산 시장이 이렇게 해서 생겼어요. 오늘날 건설 업체들이 대규모 아파트 단지를 지어 많은 이윤을 남기는 것도 그것의 연장선이지요. 특히 아파트는 땅이 아니라 허공에다 집을 짓고, 수십 층까지 올리기도 하니 작은 땅에서도 천문학적인 돈을 벌 수 있지요.

대도시 같은 경우, 게다가 학군이 좋은 경우, 아파트 한 챗값은 수억에서 수십억에 이르기도 해요. 그러니 집값이나 땅값이 계속 오르는 한, 돈이 있는 사람은 더 쉽게 돈을 벌 수 있지요. 반대로, 돈이 없는 사람은 계속 오르는 전세나 월세도 잘 내지 못해 허덕거리게 되고 심하면 집을 잃고 노숙자로 전락하게 되지요. '하우스푸어'라는 말 들어 보았지요? 땅값이 오를 때 빚을 내어 집을 샀는데 땅값이 내리고 은행 금리가 올라가 힘든 상황이 된 사람들을 일컫는 말이에요.

두 번째로, 노동을 볼까요? 엄밀하게 말하면 노동이 아닌 노동력의 상품화라고 해야 옳아요. 노동력이란 사람이 가진 노동 능력과 노동 의욕을 포함하는데, 쉽게 말해서 말 잘 듣고 일 잘할 수 있는 능력을 말하지요. 이 노동력을 팔아 노동을 하고 받는 돈이 임금이고요. 노동력과 임금이 교환되는 공간을 노동시장이라고 해요.

그러면 노동력을 파는 사람은 누구이고 노동력을 사는 사람은 누구인가요? 그렇지요. 노동력을 파는 사람은 몸뚱이 외엔 가진 것이 없는 보통 사람들이고, 노동력을 사는 사람은 자본과 기술을 가진 기업가들이겠군요. 기업가들은 자본으로 공장을 짓고 기계를 사고, 또 노동력을 사서 상품을 만들어요. 그리고 이 상품을 시장에 팔아 돈을 벌어요.

그런데 노동력을 판 사람들, 즉 노동자들은 먹고살기에 빠듯한 정도만 임금으로 받아요. 반면에 기업가는 많은 이윤을 남겨 재투자도 하고 세금도 내며 자기나 가족이 쓰기도 하지요. 필요하다면 정치가들에게 비자금을 주기도 하고요.

물론 노동시장에서 자기가 지닌 노동력 가치보다 더 많은 임금을 받는 이들도 있어요. 하지만 대부분은 자기가 지닌 노동력 가치보다

낮은 임금을 받지요. 왜냐하면 기업가가 주는 임금이 평균적으로 보아 노동자들이 생산한 가치보다 적어야 이윤이 생기고 그 이윤이 기업가의 몫으로 돌아가기 때문이에요. 물론 기업가들도 치열한 경쟁 때문에 고통이 많아요. 자칫하면 폭삭 망할 수도 있고 갈수록 이윤도 줄고요. 하지만 노동력을 팔아야 하는 노동자에 비해 기업가들은 훨씬 더 잘 살게 되지요. 그래서 빈익빈 부익부 현상이 더욱 더 커지게 된답니다.

다음으로 화폐를 볼까요? 원래 오랜 옛날부터 화폐는 물물교환을 편하게 하도록 만들어진 수단이에요. 물품의 가치를 재어 비슷한 가치를 지닌 것과 바꾸어야 공평하죠. 그런데 곡식이나 과일, 생선, 옷 등을 떠올리면 알겠지만, 교환 대상인 물품들은 대부분 사시사철 어느 곳에나 늘 있지는 않잖아요? 그래서 비슷한 가치를 교환하기 위해 화폐가 필요했던 거예요.

그런데 화폐가 상품화된다는 것은 이제 화폐 자체가 단순한 거래의 수단이 아니라 거래의 대상이 된다는 말이에요. 금이나 은이 화폐로 쓰일 때는 단순히 가치를 측정하는 기준이었어요. 그런데 이것이 상품으로 되어 돈이 된다니까 너도나도 금이나 은을 사려고 해요. 그러니 가격이 더 올라가죠.

일례로, 약 300년 전인 1705년에 남미 브라질의 한 지역에서 금광이 발견되면서 너도나도 황금을 찾아 떠나는 '골드러시'가 시작되었다고 해요. 무려 30만 명이나 되는 포르투갈 사람이 브라질로 이주했다고 하지요. 그 뒤로 서구 여러 나라가 아메리카 대륙의 더 많은 땅을 식민지로 만드는 데 더욱 열광했지요. 그러다가 황금이 유럽에 너무 많이 들어가면서 하늘 높이 치솟던 금값이 폭락하기도 했어요.

제2차 세계대전 이후로 최근까지 미국 달러가 그랬어요. 한때 달러는 세계의 화폐였지요. 너도나도 많이 가지려고 했고, 금융시장에서 가치가 수시로 바뀌니 시세 차익을 노린 사람들이 투기도 많이 했어요. 달러만이 아니라 화폐가 상품화되면서 주식, 보험, 증권 같은 온갖 파생 상품이 생겨났던 거예요. 이런 식으로 화폐 자체가 상품화되면서 약삭빠른 사람과 기관들이 더욱 많은 돈을 벌게 되고 보통 사람들은 대부분 있던 돈마저 날리는 일이 많아 졌죠. 그러다가 2008년 금융 위기가 터지면서 그간의 모순과 문제들이 더욱 많이 알려지게 되었지요.

애당초 토지나 노동, 화폐는 상품이 아니었어요. 상품이란 팔기 위해서 만들어진 것이지만, 토지나 노동, 화폐는 팔기 위해서 만들어진 게 아니라는 말이에요. 신이 땅을 만들었을 때, 부모님이 여러분을 낳았을 때, 물건을 교환하고 관리하기 위해 사람들이 화폐를 만들었을 때, 시장에 팔기 위해 그렇게 했겠어요? 만약 그렇다면 정말 끔찍한 일 아니겠어요? 그런데 언제부턴가 이 모든 것이 정말로 시장에서 거래된 거예요.

　폴라니는 이것들을, 애초에 상품이 아닌데 상품처럼 취급되고 있다고 해서 '허구적 상품'이라고 불렀어요. 따지고 보면 땅이란 사람이 생산한 것이 아닌 '자연'의 다른 이름이고, 노동 또한 '인간 활동'의 다른 이름이지요. 화폐 역시 은행이나 국가라는 체제에서 만들어진 구매력의 상징적 이름이고요. 이것들은 우리가 삶에 필요한 재화를 만들고 유통하는 데 아주 기초적인 요소들이지요.

　그런데 이런 살림의 기초적인 요소들이 상품화되면 무슨 일이 벌어질까요? 사람이 살도록 이미 주어진 땅과 노동을 시장에서 구매해야만 하는 사회, 생존의 필수품이 모두 시장에 내맡겨져 있는 사회가 되면 말이지요. 폴라니에 따르면 이때부터 사회는 두 가지 원

● 칼 폴라니(Karl Polanyi 1886~1964)
오스트리아·헝가리 빈에서 태어나 부다페스트 대학교에서 철학과 법학을 공부했어요. 헝가리 시민권 운동을 동고 당 비서를 맡기도, 내 친구가키기도 했어요. 헝가리에서 오스트리아로 이주하 되배는 경제와 정치 논평을 쓰는 기자로도 일했지요. 1940년대 이후에는 미국과 캐나다를 오가며 대학교수로 있으면서 연구와 저술에 전념했습니다.

(인물사진120쪽 미지 어이진나나)

리에 의해 움직인다고 합니다. 팔 것이 자기 몸뚱이, 즉 노동밖에 없는 사람들은 굶주림의 공포에 시달리고, 무엇이든 돈으로 구매할 수 있는 사람들은 이윤 추구의 매력에 빠져든다고 해요. 굶지 않기 위해서 움직이거나, 아니면 돈을 더 벌기 위해서 움직이는 거지요.

폴라니는 이것을 사회를 통제하는 두 가지 원리라고 했지만 하나의 원리라고 해도 될 것 같아요. 돈이 있어야 한다! 무조건 돈을 벌어야 한다! 이렇게 돌아가는 게 바로 '돈벌이 경제'예요.


## 포테이토 칩은 먹을 수 있지만 컴퓨터 칩은 먹을 수 없다

오늘날 한국은 세계 10대 경제 대국에 든다고 해요. 그 말만 들으면 어깨가 으쓱하지요. 하지만 식량자급률을 알고 나면 대단히 불안해져요. 공식적으로 한국의 식량자급률은 25% 정도예요. 나머지 75%는 해외에서 수입해야만 사람들이 먹고살 수 있다는 뜻이죠.

그런데 이 25%의 자급률조차 가만히 보면 좀 엉터리예요. 왜냐하면, 우선은 우리가 매일 먹는 밥의 재료, 쌀 자급률이 거의 100%이기 때문에 평균치를 상당히 높이거든요. 또, 나머지 자급한다는 채소나 과일도 비닐하우스에서 석유로 난방을 해서 키우는 것이 많아요. 게다가 농사에 사용되는 경운기나 탈곡기 등 기계, 농약이나 제초제, 화학비료 또한 석유 없이는 만들 수 없는 것들이죠. 석유는 우리나라에서 나지 않죠? 이런 식으로 자세히 따지고 보면 진정한 식량자급률은 5%도 안 된다는 결론에 이르러요. 그런데 이게 왜 위험하냐고요?

생각해 보세요. 첫째, 지금은 해외 농산물이 값싸다지만 갈수록 가격이 어떻게 될까요? 점점 올라가겠죠? 둘째, 수입품이 좋다는 사람도 있지만 먼 길을 와야 하는 수입 곡물이나 과일, 고기 등에 방부제나 농약 같은 것이 들어가지 않을 수 없어요. 그러니 건강에 좋을 리 없지요. 게다가 먼 길을 싣고 오는 동안 석유를 많이 태워야 하니 온실가스가 많이 나와 지구온난화를 부추기는 건 물론이죠.

셋째, 미국이나 중국 등 다른 나라들이 언젠가 자기 나라 말을 잘 듣지 않으면 아무리 돈을 많이 준다 해도 우리에게 식량을 팔지 않겠다고 하면 어떻게 될까요? 아무리 돈이 많아도 굶주릴 위험이 있다는 거예요. 식량이 무기가 된다는 말이죠.

넷째, 농업이나 농촌은 단순한 식량 공급처만이 아니란 점도 중요해요. 휴가 때 시골이나 자연 풍광이 좋은 곳에 가서 쉬는 이유가 뭘까요? 자연이나 농촌이 우리의 몸과 마음을 정화해 주기 때문이죠. 논에서 개굴개굴 울어 대는 개구리 소리, 맛있는 열매를 맺기 전 아름답게 핀 복숭아꽃이나 배꽃, 풍성한 가을 들녘의 황금빛 나락……. 이 모두가 우리의 지친 정신과 영혼을 평화롭게 위로해 주고 삶의 의욕을 불러일으키거든요.

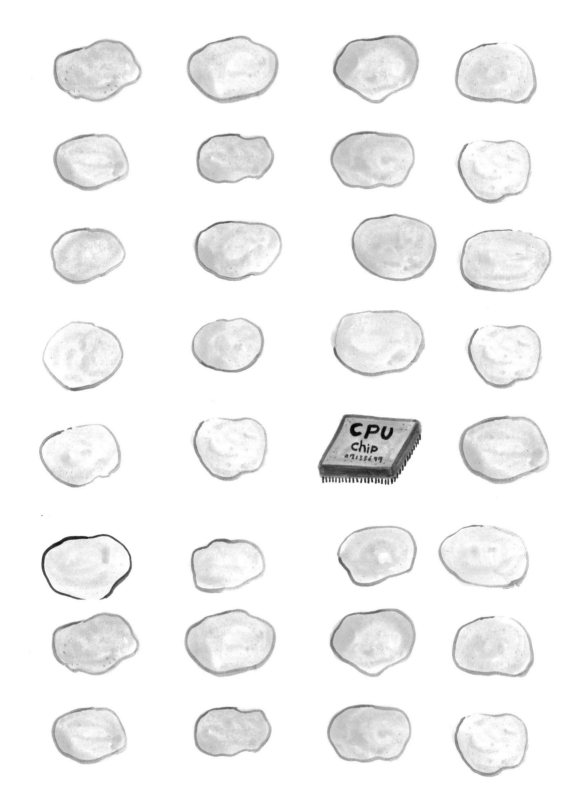

이런 식으로 하나씩 따져 볼수록 농촌을 살려 식량자급률을 높이는 게 얼마나 중요한지 실감 나게 깨달을 수 있네요. 모든 걸 다 잊어도 이것만은 잊지 않았으면 해요. 아무리 컴퓨터나 자동차, 휴대전화 등 첨단 과학 기술을 강조하는 시대가 되었다지만, 배가 고프면 뭘 먹어야 하죠? 그렇죠. 밥을 먹어야죠. 밥이 없으면 몇 번이라면 몸에 좋진 않은 라면이나 빵도 괜찮아요. 좋지 않은 기름에 튀긴 포테이토 칩도 먹을 수 있지요. 하지만 아무리 첨단 과학의 시대라고 컴퓨터 칩을 먹고 살 순 없어요. 첨단이니 선진국이니 하며 앞서 가는 것만 추구한답시고 살림살이의 근본을 잊으면 안 되는 까닭이지요.

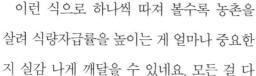
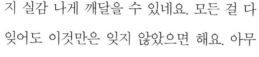
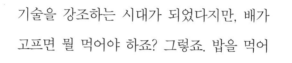
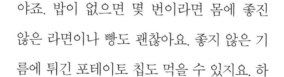

그래서 농촌을 살리고 식량자급률을 높이는 것이 나라 살림의 최대 과제 중 하나가 되어야 해요. 구체적으로 어떻게 할 것인지는 많은 토론과 협의를 거쳐야 하겠죠.


## 모든 삶이 상품으로 에워싸인다면

뭔가를 먹었으면 이제 주변을 둘러볼까요? 아주 오래전부터, 아니 인류가 태어나면서부터 살아갈 수 있는 것 자체가 이미 우리에게 주어져 있는 선물 덕분이죠. 그 선물은 우리가 모두 딛고 있는 땅, 바로 자연이에요. 자연은 우리가 살림살이를 고민하기 이전부터 우리의 살림을 가능케 하는 기반이지요. 하지만 우리는 그것을 다른 상품과 바꿀 수 있는 또 하나의 상품으로 쉽게 생각해 버려요. 다음 이야기를 잘 읽어 보아요.

남태평양 어느 아름다운 섬나라를 여행하던 기업가가 있었어요. 그는 이 섬을 개발하면 돈이 되겠다 싶은 생각이 들었어요. 섬의 울창한 숲에는 통나무집을 짓고 고급 가구를 만드는 데 쓰기 좋은 나무들이 엄청나게 많았거든요. 그런데 처음부터 그 섬사람들에게 개발할 테니 도와 달라고 하면 반발할 것 같았어요. 사장은 섬사람들이 맨발로 다니는 것을 보고 꾀를 내었죠.

사장은 자기 나라에서 값싸게 만든 신발을 한가득 싣고 와서 사람들
에게 공짜로 나눠 주었어요. 공짜니까 사람들은 너도나도 신발을
신기 시작했죠. 신발을 신으니 편하고 좋았어요. 뾰족한 돌이나
나무 같은 것에 발을 다치지 않았죠. 꼬마 아이들은 밤에 잘 때도
머리맡에 두고 잘 정도로 신발을 좋아했어요.
그런데 좀 시간이 지나자 신발에 구멍이 나기 시작했어요.
신발 솔기가 터지고 신발창도 떨어져 나갔어요. 사람
들은 그 사장에게 가서 "새 신발을 주세요."
라고 했어요. 그러자 사장이 말했어요.
"이제 공짜로 줄 수 없어요.

마을 입구에 신발 가게를 하나 낼 테니 거기서 돈을 주고 사세요."

이 말에 섬사람들이 말했죠.

"우린 돈이 없는 걸요."

또 사장이 말했어요.

"그렇죠. 돈이 필요하죠? 돈을 벌려면 우리가 저 숲을 개발할 테니 거기서 일을 하세요. 신발을 살 수 있도록 넉넉히 쳐 줄 테니까요."

그리하여 섬마을은 개발되기 시작했어요. 사람들은 길을 닦고 나무를 베어 나르는 일을 하여 돈을 벌기 시작했어요. 신발 가게로 가서 좋은 신발을 샀지요. 갈수록 품질도 좋고 디자인도 좋은 신발들이 들어오기 시작했어요. 숲이 더 많이 개발되고 마을에 돈이 많이 돌수록 마을 입구의 가게도 확장되었어요. 이제는 신발만이 아니라 사탕이나 과자, 라면, 옷, 가방 등등 생필품들이 무더기로 들어왔어요. 커다란 마트가 생겼어요. 마을 사람들은 예전에 보지 못했던 화려한 것들이 들어오니 신기한 눈으로 쳐다보았죠.

어떤 젊은이는 이 개발 회사에 들어가 돈을 많이 벌어 통나무집을 그럴 듯하게 지었어요. 가게에 들어온 좋은 물건은 죄다 사들였죠. 그걸 본 마을 사람들은 모두 그 사람처럼 살고 싶어졌어요. 너도나도 숲을 개발하는 일을 하겠다고 경쟁적으로 나섰지요.

온종일 어른과 아이들이 같이 살던 모습은 사라지고 모두 뿔뿔이 흩어져 지내게 되었어요. 아이들의 꿈도 이제는, "나는 어서 커서 저 회사에

늘어가 돈을 많이 벌어 멋진 집을 짓고 살 거야."라는 식으로 변하고 말

았죠. 회사에 취업하려면 학교 성적이 좋아야 했어요. 점수 따기 공부를

하다 보니 공부도 점점 재미가 없고 힘들기만 했지요.

그렇게 몇 년 동안 숲을 개발한 뒤 어느 날 사장이 마을 사람들에게 말

했어요.

"그동안 참 고생 많으셨어요. 이제는 숲을 모두 개발했으니 다른 섬나라

로 가 보아야겠어요."

이제 그 섬나라엔 숲이 없어요. 거창하던 마트도 문을 닫았지요. 남은

것은 황폐한 섬과 거친 파도소리뿐이었죠.


　이 짧은 이야기가 우리에게 말해 주는 것은 무엇일까요? 생각해

보아요. 남의 일이 아니랍니다. 예전엔 집집이 쌀이나 보리농사를

지어 먹었어요. 요즘 우리는 일을 해서 쌀을 사 먹으면 된다고 생각

하죠. 그나마 요즘 사람은 아예 집에서 밥을 해 먹지도 않아요. 식당

을 정해 놓고 늘 외식을 하든지 아니면 배달 음식으로 끼니를 때우

는 경우가 많죠.

　옷이나 이불은 어떤가요? 조상들은 누에고치나 목화에서 실을 잣

고 그 실을 엮어 베를 짠 뒤 직접 만들어 썼죠. 땅이 있고 일을 하면

생활에 필요한 것을 거의 다 해결했어요. 그런데 요즘은 돈만 벌면

뭐든지 시장에서 살 수 있죠. 빨래는 어때요? 예전엔 냇가나 강에서,

혹은 우물에서 손으로 빨래를 했어요. 비누 없이도 했죠. 물 한 방울도 아껴 가면서 말이죠. 점차 세탁비누를 쓰게 되었지만요. 그런데 세탁기가 나오니 물도 더 많이 쓰게 될 뿐 아니라 합성세제는 물을 심하게 오염시키죠. 어떤 옷은 세탁소에 드라이클리닝을 맡겨야 하는데 석유계 세제는 물을 더욱 심하게 오염시켜요. 게다가 세탁기를 사기 위해 일을 더 해야 하고요.

아프면 지금은 병원에 가서 돈을 내고 치료를 받아야 하죠. 예전엔 웬만한 건 모두 민간요법으로 해결했어요. 요즘은 아프지 않아도 건강검진이다 예방주사다 해서 정기적으로 병원에 가야만 하는 것처럼 생각하기도 해요. 공부도 마찬가지죠. 요즘 부모들은 아이들을 학교, 학원, 대학을 보내기 위해 엄청나게 돈을 벌어야 해요. 어떤 사람들은 대학 졸업 후에 취업을 위한 학원까지 다닌다죠? 예전 어른들은 지금처럼 학교나 학원, 대학까지 다니지 않아도 훌륭한 인격체로 자랐는데 말이죠. 오히려 이웃이나 친구들과 사이좋게 지내는 법을 더 잘 배웠어요.

이런 식으로 삶을 모두 돈으로 해결하는 세상, 즉 생활 과정이 모두 상품이 된 세상이 되고 말았어요. 이제 우리는 한편으로 돈을 더 많이 벌기 위해 일을 더 많이 해야 해요. 사람과 사람 사이도 돈으로 연결되다 보니 따뜻함과 친밀함은 갈수록 사라지고 있죠.

그렇다고 옛날 방식으로 돌아갈 수는 없겠죠. 하지만 전통 시대도 아니고 지금처럼 살벌한 사회도 아닌, 어느 정도 쾌적한 삶을 유지하면서도 사람 냄새가 물씬 나는 그런 새로운 생활 방식을 상상하고 만들어야 하지 않을까요?

## 가장 중요한 지혜는 서로 돕는 것

사실 땅만 우리에게 주어져 있는 것은 아니지요. 사람이 살아가는 데 그 무엇보다 도움이 되는 존재가 바로 우리 곁에 있어요. 바로 사람이죠. '나' 옆에는 항상 '너'가 있고, 그래서 '우리'는 함께 살아가요. 사람을 돈으로 사서 일을 시키기 이전에, 사람들은 돈과 상관없이 서로 돕고 살았어요. 서로 돕는 것이 생존의 가장 중요한 지혜라는 것을 터득했기 때문이지요.

지금도 우리 농촌엔 그 흔적이 제법 남아 있어요. 옛날부터 농민들은 두레나 품앗이로 농사를 지었어요. 두레란 일종의 농사 동아리라고 할 수 있어요. 농사짓는 평민은 일정한 나이가 되면 모두 두레에 가입하지요. 그리고 돌아가면서 농사를 함께 지어요.

예컨대 두레 회원들이 모두 모여 오늘은

갑돌이네 모내기를 하고 내일은 을순이네 모내기를 하는 식이죠. 추수 때도 마찬가지예요. 그렇게 같이 하다 보니 일은 힘들어도 재미가 있고 거뜬히 해치울 수 있죠. 점심을 먹고 나면 낮잠을 한숨 자기도 하고 자고 나서 기운을 돋우느라 꽹과리와 장구, 북, 징을 두드리며 놀이를 한판 벌이기도 해요. 일이 끝나면 모두 모여 동동주 같은 걸 한 잔씩 걸치며 서로 위로도 하고요. 이런 게 바로 사람 사는 맛을 느끼게 해 주었어요.

품앗이란 두레에 비해선 좀 개별적이에요. 비교적 규모가 작은 농사일을 서로 도와가며 하는 거죠. 오늘은 갑돌이가 을순이네 일을 거들었다면, 내일은 을순이가 갑돌이네 농사를 도와주는 식이에요. 꼭 농사만이 아니라 집짓기나 베 짜기, 경조사 등도 마찬가지로 이렇게 품앗이 또는 두레를 통해 상부상조하며 살았던 거죠.

이런 좋은 전통이 하나씩 사라져 버리더니, 오늘날은

대부분 '나 먹을 것은 내가 챙기고 너 먹을 건 네가 챙겨라.'라는 식으로 변하고 말았어요. 농촌에서도 일당을 주어야 일손을 구할 수 있게 되었지요. 대부분 회사에서는 '나 살고 너 죽자.'는 식의 경쟁을 부추기며 사람들을 더 많이 일하게끔 해요.

사실 학교도 마찬가지죠. 오로지 점수나 등수를 올리기 위해 자기 것만 챙기는 세상이 되고 말았어요. 심지어 어떤 학원은 "공부 잘하려면 친구 끊어."라고 광고한다면서요. 친구와 맘껏 뛰어놀고 우정을 쌓는 일은 우리 인생에서 그 무엇보다 중요한 일인데 완전히 거꾸로 되고 있어요.

실제로 공부를 제대로 하는 사람은 공부와 친구 사귀는 일이 결코 배타적인 것이 아니라고 말해요. 교육에 대한 연구도 대부분, 힘을 모아 함께 공부하는 것이 개인에게도 집단에도 더 좋은 결과를 낸다는 것을 보여 주는데 말이죠.

인도의 위대한 사상가이자 독립운동가인 마하트마 간디 선생님이 이런 말을 했어요. "인도를 살리기 위해선 70만 개의 마을 공화국이 필요하다."

마을마다 식, 의, 주를 자립하고 서로 부족한 부분은 두레나 품앗이처럼 협동으로 해결하는 그런 생활 방식을 꿈꾼 거예요. 그런데 따지고 보면 이런 마을들이 모든 농촌에 다 있었어요. 그리고 지금도 있고요. 그런 사례를 더 많이 알아보고 또 새롭게 만들어야 하지 않을까요?

● 마하트마 간디(Mahatma Gandhi 1869~1948)
영국의 지배를 받던 인도의 독립운동을 이끈 인도의 정신적, 정치적 지도자예요. 본명은 모한다스 카람찬드 간디(Mohandas Karamchand Gandhi)인데, '위대한 영혼'이라는 뜻의 '마하트마' 간디로 더 많이 불리지요. 인도 서부의 포르빈다르에서 태어나 영국 런던 대학교에서 공부하고 변호사가 되어 인도에 돌아왔어요.

(인물사전(126쪽)에서 이어집니다.)

## ● 올바른 무역

2012년 5월 12일에 '2012년 세계 공정 무역의 날 한국 페스티벌'이 열렸어요. 5월 둘째 주 토요일은 세계공정무역협회가 정한 세계 공정 무역의 날로, 전 세계 70여 개 나라, 400여 개 단체가 세계 여러 곳에서 동시에 다양한 공정 무역 캠페인을 펼치죠.

**개인이 그러하듯 어느 나라도** 순전히 자기 힘으로만 먹고사는 것은 불가능해요. 그래서 나라와 나라 사이에 사고파는 것, 즉 무역이 일어나죠. 그런데 이것도 좀 더 자세히 들여다보면 여러 가지 문제가 있어요.

**평등한 무역이란 어때야 할까요?** 우선 수출을 한다면 원래 있던 것 중에서 그 나라 국민이 쓰고도 남는 것을 수출해야죠. 예를 들면 한국은 삼면이 바다이고 70%가 산이니, 바다를 맑게 잘 유지해서 온갖 해산물을 잘 길러, 잘 먹고 남으면 해외에 수출해야겠지요. 그리고 산에는 장뇌삼 등 온갖 약초와 나물, 좋은 나무를 심어서 우리가 쓰고도 남으면 해외에 수출해도 좋겠고요. 필요하다면 농경지에서도 쌀이나 콩, 기타 잡곡 등 건강한 먹을거리를 풍부하게 생산해서 남는 것이 있다면 수출하고요.

그런데 실제로 그렇게 되지는 않았어요. '공업화를 많이 해서 수출을 많이 하면 살기 좋은 나라가 된다.'는 믿음으로 온 나라가 발버둥을 쳤기 때문이에요. 그 결과 1960년대 초에 1인당 국민소득 80달러이던 나라가 2010년대 초에 2만 달러로, 무려 250배나 많아진 것은 사실이죠. 그런데 그렇게 해서 과연 우리는 250배 더 행복해졌나요? 아니면 스트레스가 더 많아졌나요?

이것은 비단 한국만의 문제가 아닙니다. 지금도 에티오피아 같은 아프리카 여러 나라의 공항에선 아침마다 수출용 쇠고기를 실은 컨테이너가 비행기에 실리고 있어요. 유럽 선진국 사람들이 맛있고 신선한 쇠고기를 즐길 수 있도록 말이죠. 그러나 그렇게 쇠고기를 수출하는 나라의 서민들은 밥 한 끼 해결하기도 버거운 게 현실이랍니다. 일을 해도 일한 대가를 제대로 받지 못하고, 또 소를 대량으로 키우느라 나무나 숲을 허무는 바람에 그나마 자연에서 얻던 온갖 먹을거리를 이제는 구하기도 어렵게 되었죠.

2009년엔 중국이 독일을 제치고 수출 1위의 대국으로 등장했어요. 사실은 미국 달러도 중국이 가장 많이 보유하고 있어요. 그래서 미국이 중국을 가장 큰 경쟁자로 견제할 정도가 되었죠. 그러나 중국을 들여다보면 값싼 노동력으로 생산하느라 농촌이 붕괴하고 노동자 착취와 공기오염도 극심해요. 애플의 휴대전화를 생산하는 폭스콘 공장에서는 여성 노동자들이 연이어 자살하기도 했죠.

올바른 무역은 어때야 할까요? 자기 나라 사람들이 인간답게 먹고사는 데 필요한 것들이 무엇인지, 무엇이 재생 가능하고 무엇이 재생 불가능한지, 또 무엇을 자체 생산하고 무엇을 수입해야 하는지, 또 앞으로 10년 뒤, 50년 뒤에는 어떻게 될 것인지, 이런 식으로 잘 파악한 뒤에 수출과 수입을 정해야 하지 않을까요? 다른 나라와도 자유롭고 평등한 관계를 전제로 무역을 해야지 눈치 보거나 종속되는 관계라면 아예 처음부터 거부해야지요. 그것이 곧 '주권국가' 아닐까요?

사람과 자연을 살리는
경제를 위하여

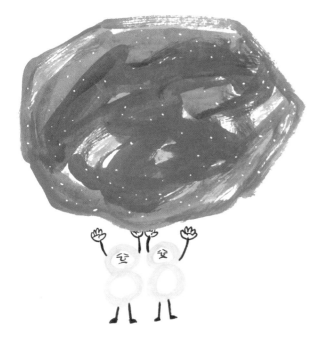

지금까지 돈벌이 경제와 살림의 경제에 대해 생각해 보았어요. 어떤 의미인지 알 수 있었나요? 이제부터 현재 우리나라 현실에서 돈벌이 경제의 문제가 극명하게 드러나는 몇 가지 문제를 살펴보려고 해요. 조금 어둡고 힘든 이야기들이 될지도 모르겠어요. 하지만 현실을 제대로 보아야 어떻게 살아야 할지도 생각할 수 있지 않겠어요? 비참한 현실을 보며 절망만 할 게 아니라, '우리도 할 수 있다.'는 용기가 필요해요. 다음 사례들은 우리에게 그런 용기를 줄 거예요.

## '88만 원 세대'와 비정규직

'88만 원 세대'라는 말 많이 들어 봤죠? 2007년에 나온 우석훈, 박권일 두 분이 쓴 책 『88만원 세대』에서 나온 개념이에요. 고용 불안에 시달리며 살아가는 한국의 20대 청년들을 일컫는 말이지요. 88만 원이란 당시 비정규직 노동자의 평균 급여인 119만 원에다 20대의 평균 급여 수준인 73%를 곱한 금액이에요.

따지고 보면, 20대 청년들은 고졸자의 경우 고졸자이기에 받아야 하는 차별의 시선과 더불어, 최저 임금 수준의 열악한 조건을 견디며 살아야 하죠. 일반 정규직 노동자가 받는 보너스나 복지 혜택, 사회보험 같은 것은 제대로 누리지 못하면서도 꼬박꼬박 세금과 국민연금 등을 내야 해요. 대졸자들은 어떤가요? 일 년에 1천만 원 가까이 되는 등록금을 내는 것은 물론이고, 각종 '스펙'을 쌓기 위해 힘겹게 노력하며 대학을 졸업해요. 하지만 '졸업식=실업식'이라는 현실에 부딪히기 일쑤지요. 취업하는 경우도 정규직인 경우는 드물고 언제 어떻게 될지 모르는 비정규직이 많아요. 가정 형편이 어려워 등록금을 대출받은 경우엔 월급으로 대출금을 갚아야 하는데, 임금이 높지 않은 경우 생활비도 빠듯해서 대출금을 갚아 나가기 어렵죠. 그래서 '대졸 워킹 푸어(일하는 가난한 대학 졸업자들)'라는 새로운 말까지 생겼어요.

고졸이나 대졸이나 20대 노동자들은 아무리 생활이 힘겨워도 각종 세금과 국민연금을 내야 해요. 원래 연금이란 것은 젊은 세대가 노인 세대를 지원하는 사회적 연대의 한 차원이죠. 갈수록 실질 임금이 올라가면 세대 간 연대가 아름답게 이뤄지겠지만, 반대로 생활비는 많이 들고 실질 임금은 줄어드는 흐름이라면 어떻게 될까요? 자칫 지금 힘겹게 연금을 내지만 그 연금이 줄거나 고갈되어 나중엔 아무런 혜택도 받지 못하는 사태가 생길 수도 있어요.

자, 한번 생각해 보세요. 누구나 학교를 졸업하고 사회에 나와 원하는 일을 하면서 작은 보람을 느끼고 생계 걱정을 하지 않을 정도의 여유가 있다면, 부자는 아니더라도 작은 행복을 느끼며 살 수 있 겠죠. 하지만 학비나 생활비가 엄청나게 올라감에도 불구하고 취업 자체가 힘들고, 취업한다 해도 비정규직이 대다수여서 생계 걱정을 해야 한다면 어떨까요? 취업자와 실업자 사이에, 그리고 정규직과 비정규직 사이에 눈에 보이지 않는 경쟁이 치열해질 거예요. 무언의 압박이 사람들의 마음을 짓누르겠죠. 그럼, 사람들은 당장 생존을 위해 목숨을 걸며 일을 해야 해요. 인간다운 생활을 생각하기도 전 에 하루하루 살아남기 위해 공부하고 일하는 삶을 사는 거예요.

우리 사회의 소득 계층의 상위 20%가 하위 20%에 비해 평균 7배 정도 많이 번다고 해요. 이렇게 불평등한 상황에서 20대 청년들이 최하위의 대접을 받으며 살아야 한다면 이들이 느끼는 상대적 박탈 감과 좌절감이 얼마나 크겠어요? 게다가 나이가 들어도 이 상황이 개선될 여지가 없다면요? 무엇보다 이런 식으로 청년들이 학창 시 절을 온통 미래에 대한 불안감에 휩싸여 보낸다면, 그리고 취업해서 도 언제 어떻게 될지 모르는 불안정한 상황이라면, 대학조차 '진리 탐구'라는 본연의 사명과는 거리가 멀어질 수밖에 없겠죠.

기업이나 사회의 입장에서는 어떨까요? 안정된 미래를 보장해 주 지 못하는 기업에는 청년들의 경험이나 숙련이 축적되지 못하겠지 요. 늘 불안해하며 열심히 일하지 못할 테니까요. 대기업이라 해도 비정규직이 훨씬 많은 현재 상황에서는 그리 다르지 않아요. 또 그리되면 전체적으로 사회 경제가 활력을 잃을 수밖에 없겠죠. 이런 식으로 사람들이 중장기적인 안목보다는 당장 생존에 급급해 살아 간다면 그 사회의 장래는 점차 어두워지지 않겠어요?

## 정리 해고는 사회적 죽음

정리 해고란 기업이 인건비를 절감하기 위해 사람을 해고하는 것을 말한답니다. 법으로는 기업이 경영에 심각한 위기가 생겼을 때만 하는 것이고, 법에 따른 엄격한 절차를 거쳐야 할 수 있게 되어 있어요. 하지만 현실에서는 형식적 요건만 갖추고 무자비하게 사람을 줄여 나가는 일이 비일비재해요. 특히나 사회 안전망이 부실한 우리나라에서 해고란 죽음과 같아서 당사자들은 힘든 싸움에 나서고, 그 싸움을 오랫동안 이어가고 있어요.

가장 대표적으로는 1998년 현대자동차 정리 해고 반대 투쟁, 2009년 쌍용자동차 정리 해고 반대 투쟁, 2011년 한진중공업 정리 해고 철회 투쟁 같은 사례를 들 수 있지요. 이러한 싸움에는 해고 대상자가 된 노동자만이 아니라 동료 노동자, 그 노동자들의 가족, 그리고 그 노동조합이 속한 상급 노조(주로 민주노총), 나아가 양심적인 학

생이나 지식인들, 일반 시민들이
함께했어요. 이들이 싸우는 곳으로
버스를 타고 방문하는 '희망 버스'
나 '촛불 문화제' 같은 새로운
시도를 통해 사회적 약자끼리
소통하고 연대하는 모습을 보여
주기도 했어요. 해고된 노동자들
과 또 많은 시민은 이런 모습을
보고서 용기를 얻었지요.

　여기서 중요한 것은 해고
라는 것이 단순히 '밥그릇'만의
문제가 아니라는 점이에요.
사실, 일자리란 생계의 수단이
기도 하지만, 다른 사람들과
관계를 맺고, 자부심과 삶의
보람을 느끼게 해 주는 공간
이기도 하거든요. 그러므로
일자리를 잃으면 임청난

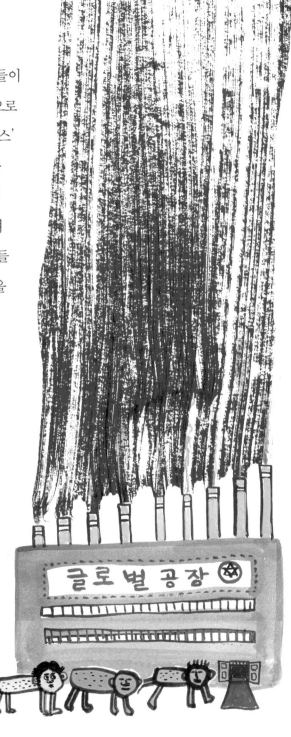

상실감과 패배감을 느끼게 되는 거예요. 이런 면에서 해고란 경제적 죽음이면서 동시에 사회적 죽음이라 할 수 있어요.

프랑스의 비비안느 포레스테라는 작가는 『경제적 공포』라는 책에서 이렇게 말하지요. "사실 가장 두려운 것은 실업 그 자체가 아니라, 실업 뒤에 따라오는 고통이다."

그래요. '열심히 일한 죄'밖에 없는 사람들이 하루아침에 해고자가 된다는 것은 생계 걱정만 주는 게 아니라 죄책감, 수치심, 박탈감, 무력감을 불러일으키고 동시에 분노와 증오, 적개심을 초래하지요. 많은 사람은 이러한 마음을 소통과 연대로 풀면서 싸움에 나서기도 하지만, 일부는 극단적인 좌절감과 절망감을 이기지 못한 나머지 마침내 삶의 희망을 잃고 마지막 저항처럼 자살을 택하기도 해요.

● 비비안느 포레스테(Viviane Forrester 1925~2013)
프랑스의 소설가이자 수필가예요. 프랑스 신문 '르 몽드'의 문예 비평가로 활동하기도 했어요. '반고흐 또는 밀 속의 매장' '다림질의 유혹' 등 많은 작품을 냈어요. 『경제적 공포』는 1996년 메디시스상을 수상하며 전 세계적인 반향을 불러일으켰지요.

〔이미지 저작권은 위키피디아에 있습니다.〕

그런데 이런 식의 정리 해고와 실업 사태는 자본주의 경제의 세계화와 더불어 갈수록 심각해지고 있어요. 사실, 초기 자본주의 시대로부터 어느 단계까지는 일자리가 계속 늘었어요. 한 나라 안에 시장이 가득 찰 때까지, 즉 물건을 만들고 팔 수 있는 여건이 되는 한, 공장이 계속 늘 수 있었고 그래서 일자리도 늘 수 있었지요. 그런데 상황은 계속 바뀌었어요. 영국을 예로 들어 볼게요.

　영국 국내의 시장이 가득 차게 되자, 새로운 시장이 필요해졌어요. 그래서 나온 대책이 해외로 눈을 돌리는 것, 즉 다른 나라를 침략해서 식민지로 만드는 것이었죠. 물론 식민지는 시장 역할만이 아니라 원료나 노동력 공급지 역할도 톡톡히 했어요. 식민지 개척 또는 제국주의라는 것은 바로 이런 맥락에서도 이해할 수 있죠. 아시아의 인도나 아메리카 대륙(주로 지금의 미국 동부 지역), 아프리카 지역이 대표적인 영국의 식민지였어요. 그런 식으로 너도나도 식민지 개척에 나서다 보니 마침내 강대국끼리 충돌한 것이 우리가 아는 제1차, 제2차 세계대전이랍니다.

　그런데 그사이에 새로운 사실도 알게 되었어요. 그것은 새로운 시장을 해외에서만 찾는 게 아니라 국내에서도 만들 수 있다는 것이죠. 한편으로 중산층을 육성하여 사람들의 구매력을 높이고, 다른 한편으로 광고나 유행을 만들어서 사람들에게 끊임없이 사고 싶다는 마음이 들게 하는 것이지요.

이와 더불어 간간이 다가오는 경제 위기에 힘세고 약삭빠른 기업들은 수많은 약한 기업을 집어삼켰죠. 이런 것을 인수 및 합병이라고 해요. 이 과정에서 새로운 일자리가 만들어지기도 하지만 실제로는 일자리가 더 많이 줄었어요.

이제 온 세상을 하나의 시장, 하나의 공장으로 만들고자 하는 힘이 더욱 거세어졌어요. 특히 1990년대 초에 소련이나 동유럽이 붕괴하면서 자본주의 시장으로 편입되었죠. 게다가 중국이나 인도, 브라질 같은 대규모의 새로운 시장도 급성장했죠. 일시적으로는 시장이 늘고 일자리가 느는 것처럼 보였어요. 하지만 갈수록 경쟁이 치열해지고, 사람을 쓰지 않아도 되는 기술과 기계가 등장하면서 이제 일자리가 없어질 것이라는 두려움은 더욱 커지고 있어요.

대개 정치가들은 '완전 고용'을 외치죠. 실업자가 거의 없는 세상을 만들겠다고 해요. 그러나 과연 그것이 어떻게 가능할까요? 한쪽에는 기업가, 다른 쪽에는 노동력을 파는 노동자로 나뉜 사회에서, 특히 경쟁과 이윤을 기본 원리로 해서 움직이는 사회 경제 체제 안에서 과연 실업자 없는 세상이 가능할까요?

앞서 말한『경제적 공포』에서 포레스테는 "착취당하고 싶어도 착취당할 수 없는 사람들(잉여 인간)이 대량으로 생산되는 시대"가 와 버렸다고 고발했어요.

## 오염 공화국, 쓰레기 공화국

다른 한편으로는, 애국가에도 나오는 '삼천리금수강산'이 삼천리 오염 강산으로 변해 버렸다는 것도 심각한 문제랍니다. 기업들이 생산과 수출을 많이 한다는 명분만으로 오·폐수를 함부로 버리는 것도 문제이고, 우리 모두 가정마다 생활하수를 생각 없이 흘려보내는 것이나 음식물 쓰레기를 대량으로 만들어 내는 것도 문제이지요.

1970년대 박정희 정권 시절, 수출산업을 육성하고 외자 유치를 한답시고 울산, 포항, 창원, 마산, 광양, 군산, 인천 등 전국 곳곳에 공단을 지었어요. 노동 인권은 물론 자연환경도 별로 고려하지 않고 오로지 기업의 수익성만 생각한 것이죠. 그런 탓에 지금 그 공단 주변은 심각하게 오염되었어요. 이제는 조개 채취나 해산물 양식, 고기잡이 같은 것은 할 수 없게 되었죠. 생산성, 효율성, 수익성 논리가 인간성과 생태계를 모두 파괴한 셈이에요.

그뿐 아니에요. 우리가 일상적으로 사용하는 샴푸나 세탁비누, 주방 세제, 나아가 수세식 변기 같은 것들도 생활하수를 오염시키는 주범이에요. 농촌에서 무분별하게 쓰는 농약, 제초제 같은 것들도 심각한 문제이고요. 음식물 쓰레기는 또 어떻고요? 우리가 버리는 음식물이 하루에도 8톤 트럭 약 2,000대분, 즉 1만 6천 톤에 가깝다고 해요. 이걸 돈으로 환산하면 일 년에 약 8조 원어치나 된다는군요.

동물 사료나 퇴비 같은 것으로 순환되면 좋겠지만 상당한 양은 매립되어 지하수를 오염시킨다니 참 한심한 일이에요. 결국은 우리가 잘 살기 위해, 또 편하게 살기 위해 힘껏 달려간 길이 모두를 죽이는 길이 된 셈이죠.

가장 가슴 아픈 것은, 돈벌이만 중시하는 기업들이 경영 효율화를 위해 구조 조정을 한답시고 사람들마저 마치 쓰레기처럼 버린다는 거예요. 이게 반복되면서 비정규직이나 계약직이 너무 많아지다 보니, 이제는 정상적으로 사는 사람들이 오히려 예외적인 사람이 되고, 반면에 비정상적으로 사는 사람들이 오히려 정상인 것처럼 되어 버렸어요.

그 와중에 사람들의 마음과 정신, 정서나 영혼도 오염되어 버렸다고 생각해요. 본연의 인간성을 잃어버리고 돈 냄새, 기계 냄새만 물씬 풍기는 그런 세상을 당연시하게 된 것이 가장 치명적인 문제 아니겠어요? 대량 생산과 대량 소비, 대량 폐기를 전제로 부자로 살아 보겠다는 사회 체제를 비판

없이 수용하고 그저 순응하면서 말이에요. 갈수록 건강한 싹을 틔우려고 노력하는 시도들은 줄어들고 있고요. 이렇게 사는 것을 결코 잘 살고 있다고 할 수는 없겠죠.

그렇다면 어떻게 해야 할까요? 그렇죠. 세상이 이렇게 잘못 돌아가고 있다는 것을 정직하게 느끼고 사태의 진실을 체계적으로 인식할 수 있어야 해요. 그러면 해결의 실마리도 제대로 잡을 수 있겠지요.

나 자신과 세상의 참모습을 숨김없이 파악하려면 '진실에 대한 두려움'부터 없애야 해요. 사실, 진실을 알기가 두렵기도 해요. 왜냐하면, 진실을 알고 나면 나부터 자유롭지 못한 경우가 많거든요. 나 자신도 이미 잘못된 체제에 적응해 살고 있고 은연중에 이미 기득권층이 되어 버렸거나 그렇게 되고자 발버둥 치며 살고 있으니까요.

불문학자이자 문학 평론가였던 김현이라는 분은 "아파트에 살면서 아파트를 비난하는 체하는 자기모순. 나에게 칼이 있다면 그것으로 나를 치리라. 나를!"이라는 문장으로 끝맺는 글을 벌써 30여 년 전에 잡지를 통해 발표한 바 있어요. 이 글처럼 그런 나 자신을 정직하게 바라보기가 부담스럽지만, 이런 두려움을 속으로 느끼고 있는

자신을 인정하기가 또 두려운, 그래서 '두려움에 대한 두려움'까지 생기는 것을 솔직하게 바라보아야 하지 않을까요?

아, 세상살이는 왜 이렇게 복잡할까요? 하지만 조금만 더 생각하면 그렇게 복잡하지 않아요. 탐욕이나 환상을 과감히 버리고, 그냥 있는 그대로의 나 자신을 진정으로 인정하고, 동시에 우리 주변을 사랑의 눈으로 바라보기 시작하면 꼬였넌 문제가 하나씩 풀리거든요.

이 모든 문제의 근본 뿌리는 우리가 본심을 잃고 '나 혼자'만 잘 살려고 탐욕에 빠져 인간적인 공동체의 그물망을 갈기갈기 찢어 놓았다는 데 있다고 생각해요. 사실, 이 세상에 처음부터 쓰레기 같은 존재는 하나도 없지요. 모두 탐욕이 만들어 낸 부산물에 불과해요. 그러니 우리가 끈끈한 정이 흘러넘치는 인간적이고 생명력이 넘치는 관계들, 우애와 환대, 연대와 협동, 소통과 공감 등을 회복하기만 하면 그렇게도 꼬였던 문제의 실타래가 하나씩 풀리기 시작하지 않겠어요?


## 가장 잘 사는 길―사랑의 관계 회복

지금까지 돈벌이 경제익 잘못되 현실을 자세히 살폈으니 이제는 살림살이 경제의 나눔과 배려를 실천하는 방법엔 어떤 것이 있나, 살펴볼까요? 물론 다음 예시된 것들은 극히 일부에 불과해요. 세상엔

무수히 많은 사람이 조용히 땀을 흘리고 있거든요. 사랑의 관계를 회복하여 더불어 행복한 사랑의 사회를 창조하려고 말이에요.

빅토르 에밀 프랑클이라는 사람을 잠깐 소개할게요. 그는 제2차 세계대전 중 독일 나치가 만든 강제수용소에 갇혔던 의사랍니다. 다른 사람들과 함께 죽음의 고비를 여러 차례 넘겼으나 천신만고 끝에 살아남은 사람이죠.

그가 나중에 쓴 책이 『죽음의 수용소에서』라고 해요. 그 책에서 그는 언제 죽을지 모르는 급박한 상황에서도, 특히 삶의 모든 가능성을 포기하고 체념할 수밖에 없는 암담한 상황 속에서도 마지막 순간까지 나름의 의미를 찾으려고 노력했던 사람, 예컨대 빵 한 조각, 담배 한 개비라도 나누려 했던 사람들은 끝까지 살아남을 가능성이 컸다고 이야기해요.

● 빅토르 프랑클(Viktor Emil Frankl, 1905~1997)
오스트리아에서 태어난 유대인으로 철학과 의학박사 심리학자예요. 제2차 세계대전 때 아우슈비츠에 있는 나치의 강제수용소에 갇혔다가 죽음의 문턱에서 국제적십자사의 보호를 받고 살아남은 사람들 중 한 사람이죠.

프랑클은 이를 보고 "어떤 혹독한 환경도 내가 허락하지 않는 한 나의 존엄성을 무너뜨릴 수 없다."고 했지요. 사악한 사람들이 아무리 나의 육체를 구속하더라도 "내 의지의 자유"까지도 구속할 수 있는 건 아니라는 말이에요. 그는 바로 이런 점에 착안해서 일종의 의미 치료법인 '로고 테라피'를 창안했어요. 절망에 내몰린 사람, 삶의 의욕을 잃어 버린 사람이라 해도 인생에서 일말의 의미를 발견한다면 그것이 동아줄이 되어 삶의 의욕을 되찾을 수 있다는 내용이에요.

　프랑클은 "인생이 던지는 다양한 물음"에 "내가 하나하나 답해 가는" 과정에서 행복이 온다고 했어요. 그가 쓴 『죽음의 수용소에서』의 독일어 원제는 "그럼에도 삶에 대해 '예'라고 말하네."라는 것인데, 이 말은 부헨발트 수용소에 갇힌 유대인들이 만든 노래에서 따온 거라고 해요.

　우리는 빅토르 프랑클이나 수용소에 갇힌 유대인들과는 비교할 수 없이 자유로운 조건 속에 있지요. 그러니 훨씬 마음 편하게, 그리고 감사한 마음으로 삶의 의미를 찾을 수 있지 않을까요? '좋은 삶'을 살기 위해 꾸준히 노력해 보세요. 그렇게 산다면 우리는 세상에 둘도 없는 나의 인생을 훨씬 더 보람 있고 신바람 나게 살 수 있을 거예요.

## 일중독, 소비 중독을 넘어 삶의 균형 되찾기

좋은 삶을 위해, 먼저 말하고 싶은 것은 삶의 균형을 되찾자는 거예요. 태어나서 배우고 나면 사회에 나와 일을 해야 해요. 생계를 위해서이기도 하지만, 일을 함으로써 보람을 얻고 사람들과 관계도 맺게 되거든요.

하지만 지금의 사회 경제 체제는 한편으로는 '일중독'을 조장하고 다른 편으로는 '소비 중독'을 조장하면서 굴러가고 있어요. 일중독이란 일터, 성과, 성취, 일자리, 지위 등을 포함하는 일이 마치 '마약'처럼 작용하여 노동을 하면 자기도 모르게 흥분하거나 고통이 진정되면서 갈수록 더 많이 일에 의존하게 되는 증상을 말해요.

다른 중독과는 달리 일중독은 칭찬을 먹고 자라납니다. 그래서 더욱 고치기가 힘든 거예요. 자본의 입장에서는 사람들이 일중독에 걸릴수록 일을 더 많이 하기 때문에 돈 벌기가 쉽겠지요? 하지만 자기도 모르게 일중독에 시달리는 사람들은 심신이 피곤해질 수밖에 없어요. 그러면서도 괜찮다며 자기를 속이는 경우가 많아요. 심하면 만성 피로가 쌓이고 쌓여 과로사로 쓰러지기도 하죠.

한편, 소비 중독이란 갈수록 '소비'라는 마약에 더 많이 의존하는 현상을 말해요. 일중독으로 많이 만들어 낸 상품을 대량으로 팔기 위해서는 사람들을 소비 중독으로 만들어야 하겠지요. 따라서 기업

가는 사람들을 소비의 세계로 끌어들이기 위해 온갖 방법을 써서 유혹해요. 노동 중독에 빠지면서 심신이 피곤해진 사람들은 소비의 세계에 가면 '고객' 또는 '왕' 대접을 받으니까 뭔가 자유로워지는 느낌, 인정받는 느낌이 드니까 갈수록 소비에 빠져들게 되지요.

그런데 소비로 돈을 많이 쓸수록 더 많은 돈을 벌어야 해요. 다시 말해, 소비 중독이 일중독을 조장하는 것이지요. 이렇게 일중독과 소비 중독은 마치 수레의 두 바퀴처럼 맞물려 서로서로 부추기고 있어요. 그 사이에 자본가는 계속 돈을 벌 수 있지만, 노동자나 소비자는 갈수록 이 악순환의 고리에서 벗어나기 힘들게 되죠.

만일 사람들이 일을 자기와 동일시하지 않고 일과 일정한 경계와 거리를 두기 시작하면 상황은 달라질 거예요. 일이 내 삶의 전부가 아니라는 것을 분명히 하고 얼마나 일할지 나머지 시간을 어떻게 보낼지 다시 설계하는 거지요.

물론 이것도 개인적인 차원을 넘어 사회로 확대되면 좋겠죠. 돌이켜 보면 주 5일 노동을 하자고 했을 때 어떤 사람들은 경제가 망할지도 모른다며 호들갑을 떨었어요. 하지만 그렇지 않았지요. 아직도 주말에 일하는 사람들이 많지만, 점점 더 줄여 나가도록 해야겠지요. 법으로 정해진 노동 시간을 과감히 줄인다면 일자리도 더 생길 거예요.

동시에 생각 없이 많이 소비하거나 명품이나 유행 같은 것에 빨려

들어가는 경향을 멈추어야 해요. 자기에게 진정으로 필요한 것에 초점을 두고 소비를 생각하면 더 건강한 생활이 시작될 거예요. 이처럼 일과 소비를 포함한 삶의 모든 과정에서 균형을 잡기 시작하면 제대로 된 인생을 엮어 나갈 수 있지 않을까요?

## 텃밭을 일구고 생태적으로 살기

요즘은 주말농장이나 텃밭에 관심을 두는 사람이 많아요. 자기가 사는 집 바로 옆에 텃밭이 있다면 가장 이상적이죠. 먹고 남는 음식물은 강아지, 닭, 고양이 같은 가축에게 줄 수도 있고, 아니면 텃밭 근처에 만든 퇴비 간에 갖다 넣을 수도 있어요. 가축에게 주면 가축은 그걸 먹고 똥을 만들고, 닭은 달걀을 선물로 주지요. 똥은 좋은 거름이 되니 좋고요.

　이렇게 마당과 가축, 텃밭이 있으면 참 좋아요. 강아지나 고양이는 우리에게 살아 있다는 것이 얼마나 좋은지 가르쳐 주기도 해요. 에크하르트 톨레 선생님은 『내 마음의 길잡이, 개와 고양이』란 책에서 "강아지는 늘 지금 이 순간을 살아요. 그래서 우리에게 길을 알려 줄 수 있지요. 잃어버린 길을 찾는 방법을 가르쳐 준답니다."라고 말하지요. 그래서도 강아지나 고양이가 더욱 귀여운 것 같아요. 강아지가 주인에게 정말 성실하다면, 고양이는 굉장히 줏대 있게 살아요. 사람들이 자기를 좋아해 주는 만큼 고양이도 사람을 좋아해 주지요. 강아지는 징그러울 정도로 충성스럽고요.

닭도 참 재미있는 동물이에요. 수탉 한 마리가 암탉을 여러 마리 거느리죠. 만일 병아리가 자라 수탉이 되면 큰 수탉은 작은 수탉을 괴롭히기 시작해요. 나중엔 왕따를 시키기도 하지요. 닭들 사이에는 일종의 권력 싸움이 있어요. 그렇다고 수탉이 자기만 아는 존재는 아니에요.

먹이가 있더라도 수탉이 먼저 먹지는 않고 암탉들을 불러요. 암탉이 어느 정도 먹고 나면 수탉이 먹어요. 그리고 병아리와 엄마 닭이 이리저리 돌아다니면 수탉이 늘 그 근처에서 보호자 역할을 해요. 참 신기하죠? 그러면서 수탉이 암탉의 등에 올라가 짧지만 짜릿한 사랑을 나누기도 하고요. 그러면 유정란을 낳아요. 봄이 되어 암탉이 이 알을 약 21일 정도 품으면 놀랍게도 병아리가 부화하여 나오지요.

우리가 닭에게 먹이를 주면 닭은 맛있는 유정란과 닭똥이라는 좋은 유기농 거름을 선물해 주지요. 이렇게 가장 자연스럽게 살아가는 생태적인 삶은 돈벌이에 파묻히거나 소비에 중독된 삶에 비해 훨씬 재미있고 건강해요.

● 에크하르트 톨레(Eckhart Tolle, 1948~)

독일에서 태어난 에크하르트 톨레는 지금은 캐나다에 거주하며 상담가이자 저술가, 강연가로 활동하고 있어요. 1999년 쓴 『지금 이 순간을 살아라(The Power of Now)』라는 책이 전 세계적인 베스트셀러가 되면서 그의 가르침이 널리 알려지게 됐지요.

(인물사진 출처 예시 하이퍼링크)

## 건강하고 신바람 나는 공동체 운동

그런데 이런 생태적인 삶도 나 혼자만 살면 별로 의미가 없어요. 온 세상이 엉터리인데 나 혼자만 건강하면 무슨 소용이겠어요? 그래서 사람들은 마을 공동체건 지역 공동체 모임이건 다양한 공동체를 만드는 운동을 벌이지요.

농촌의 생산자와 도시의 소비자가 만나는 직거래나 생산자와 소비자가 함께 만든 협동조합인 생협, 마을과 학교가 함께 어우러지는

마을 학교, 더불어 사는 마을을 지향하는 마을 공동체, 인문학 공부를 같이 하며 사람들끼리 유대를 돈독하게 다지려는 인문학 모임, 사람들 사이에 상부상조하는 관계를 현대식으로 복원하려는 대안 화폐 운동 같은 것이 대표적인 사례예요. 이렇게 나 홀로 사는 것이 아니라 더불어 행복하게 살자는 공동체 운동이야말로 우리가 진정 사람답게 사는 방법이죠.

지금 당장 인터넷에 '공동체 운동'이란 단어로 검색해 보세요. 전국 곳곳에서, 세계 곳곳에서 그런 움직임이 활발하다는 것을 알 수 있을 거예요. 우리 마을 근처나 지역에도 그런 움직임이 있다면 당장 찾아가서 참여해 보는 것도 좋겠죠.

몇 가지 사례를 들어 볼까요?

경기도 화성엔 야마기시 마을이란 곳이 있어요. 약 50명 내외가 같이 살고 있는데, 가족 단위도 있고 혼자 사는 이들도 있어요. 모든 식구는 어른이나 아이나 자기 할 일이 있어요. 농사도 같이 짓고 집도 같이 짓거든요. 식사도 같이 하는 경우가 많아요. 자급되지 않는 것은 유기농 달걀을 팔아 사들이죠. 그렇게 웬만한 생활용품들은 마을 창고에 다 준비되어 있어서 각자 필요하면 알맞게 갖다 쓰지요. 아이들 학교도 마을에서 멀지 않고 시험을 위한 공부는 하지 않아요.

물론 사람들 사이에 문제가 전혀 없는 건 아니겠죠? 불평이나 불만이 있거나 더 좋은 제안이 있으면 정기적으로 열리는 식구 총회 같은 모임에서 서로 마음을 열고 대화나 토론으로 풀어가는 게 특징이에요. 이런 마을에서는 노인들이 진심으로 존중받아요. 요즘 도시에선 노인은 물론이고 아이 어른 할 것 없이 모두 힘들게 사는데 말이죠.

충북 보은에는 선애 마을이란 공동체가 만들어졌어요. 여기도 수십 명의 사람이 한 가족처럼 살고 있어요. 농사도 같이 짓고 식사도 같이 하고 아이들 양육이나 교육도 모두가 같이하고 있어요. 그렇다고 모두 같은 방에 자는 건 물론 아닙니다. 가족마다 집을 짓고 살고 혼자 사는 사람들도 있어요. 여기도 마찬가지로 같이 풀어야 할 숙제나 상호 마음이 맞지 않는 경우엔 식구 총회를 열어 원만하게 풀어 간다고 해요.

충남의 홍성이나 강원도 원주에는 이런 식의 마을 공동체 또는 지역 공동체 운동이 꽤 오래전부터 왕성하게 전개되었어요. 서울에는 마포의 성미산 마을, 도봉의 삼각산 재미난 마을이 있어요. 전남 장성에는 한마음공동체, 전북 무주엔 진도리 마을, 경남 산청에는 안솔기 마을 등 전국에 있답니다.

대안 화폐는 낯설지요? 사람들이 노동력이나 물건을 현금이나 카드로 사는 게 아니라 각자가 할 수 있는 일과 가진 물건으로 나누는 것을 말해요. 옛날 우리의 '품앗이'와 비슷하답니다. 대전의

'한밭레츠', 경기도 과천의 '과천품앗이', 서울 송파구의 '송파머니' 등 여러 종류가 있어요. 한밭레츠의 예로 소개해 볼게요. 회원으로 가입한 사람들이 필요한 물건이나 일이 있으면 거래를 원한다고 알리고, 필요한 사람들이 연락하여 사용하는 방식이에요. 대가는 서로가 합의하여 나누는데, 일부는 지역에서 쓰이는 화폐 '두루'로 결재한답니다. 실질적으로 필요한 것, 할 수 있는 일들을 계속 나누다 보면 지역의 일과 사람에게 더 관심을 두게 되겠죠? 그리고 돈이 없으면 아무것도 못 할 것 같은 불안에서도 벗어날 수 있을 거예요.

이렇게 우리가 조금만 관심을 두게 되면 안 보이던 것들도 보이게 돼요. 참 신기하고, 또 고마운 일이지요. 전국 곳곳에서, 도시나 농촌을 막론하고 나름의 공동체 마을을 만들겠다고 하는 분들이 생각보다 많다는 사실이 말입니다.

원주에서 공동체 운동을 일으키는 데 큰 힘이 되신 무위당 장일순 선생님은 생전에 "밥 한 그릇에도 천지인, 즉 우주가 깃들어 있다."고 하셨대요. 그래요. 논에서 벼가 자랄 때도 하늘의 햇볕과 비, 땅의 물과 흙, 온갖 미생물과 사람의 노력 등 모두가 협동해야 해요. 이렇게 우주 만물의 원리는 협동에 있다고 해도 지나치지 않아요.

바로 이런 점에서 참된 인간성을 구현하는 현실적인 대안은 '팔꿈치 사회'라는 말처럼 옆 사람을 팔꿈치로 밀어젖혀야 내 생존이 보

장되는 살벌한 경쟁 사회가 아니라, 서로 돕고 사는 '공동체 마을'이
아닐까요?

## 공짜 심리가 아니라 착한 소비

이렇게 잘 어울려 살면서 먹고사는 것도 착하게 해야겠지요? 어떻
게 해야 착한 소비냐고요? 사람들의 시선을 끌기 위해 명품을 갖고
싶어 하거나 친구가 가졌다고 무조건 나도 사려는 마음을 과감히 버
리고, 자기에게 정말 필요한 것이나 사회적으로 의미 있는 것에 초
점을 맞춰 소비하는 것, 이런 태도야말로 '잘 살아가는' 것이겠지요.
몇 가지 예를 들려줄게요.

2012년 말 수원역에서는 '착.착.착 페스티벌'이 열렸어요. '착.
착.착'이란 '착한 상품, 착한 소비, 착한 나눔'의 약자라고 해요. 아,
무슨 상품에도 착한 상품이 있을까 싶죠? 이 페스티벌에 나온 물품
들은 경기도의 각종 자활 센터나 노인 시설, 그리고 장애인 시설에
서 노인이나 장애인 같은 어려운 이웃이 중심이 되어 우리의 일상
생활에 쓸모 있는 걸 만들어 보자는 착한 마음으로 만든 것이랍니
다. 그런 착한 물품을 사 주는 것이 곧 착한 소비이자 착한 나눔임
을 알리는 취지이지요.

원래 착한 소비란 상품을 선택하는 기준에 가격이나 품질뿐만 아

니라, 상품이 만들어지는 과정까지 생각하는 소비를 일컬어요. 그래서 보통 사람들이 이런 것에 많이 관심을 두고 호응이 좋아진다면 그 물품을 만든 노인이나 장애인들도 보람을 느끼고 삶의 활력을 되찾지 않겠어요? 결국은 서로가 서로에게 힘이 되는 일이지요.

또 이런 것도 있어요. 미국의 대학생들이 '노동 착취 기업에서 만든 옷 안 사기 운동' 같은 걸 벌인 적이 있지요. 미국의 유명 대학들은 자기 대학 이름이 박힌 티셔츠 같은 걸 비싼 가격에 파는데, 알고 보니 그런 옷은 매우 낮은 임금에 몹시 험한 일터에서 일하는 노동자들에 의해 만들어진 거예요. 그래서 '착한' 대학생들이 나서서 노동자들의 대우를 개선하고 옷 가격도 낮추라고 요구한 것이죠.

최근엔 공정 무역 커피 같은 것도 많이 팔리고 있는데, 착한 커피라고도 하지요. 커피 원두를 생산하는 가난한 나라의 농민들에게 좀 더 나은 가격을 쳐주는 대신 유기농 커피를 마시자, 생산자도 좋고 소비자도 좋은 거래를 해 보자, 이런 취지에서 나온 것이죠. 요즘엔 커피만이 아니라 옷, 축구공, 초콜릿, 사탕 등 많은 물품이 공정 무역으로 거래되고 있답니다.

이제는 초국적 기업이나 세계 금융

자본이 국적을 넘나들며 마음대로 활동하고 있고, 온갖 국제기구나 국제조약이 한 나라의 주권을 간섭하거나 침해하는 일도 빈번히 일어나고 있어요. 모두 세계 자본의 돈벌이 운동 때문에 일어나는 일들이죠. 특히 한미 자유무역 협정을 추진할 때 우리 사회에서도 큰 논쟁이 있었듯이 자유무역이란 결국은 돈 많은 독점적 대자본에만 유리한 게임이에요.

남미의 쿠바, 베네수엘라, 볼리비아 같은 나라끼리 시도하고 있는 '민중 무역'을 소개해 볼게요. 이들은 2007년 '민중 무역협정(People's Trade Treaty)'이라는 이름의 14개 조항 무역 협정서에 서명했어요. 이 협정의 조항을 보면 '민중의 삶의 질을 높이기 위해 문맹률을 낮추자.'(4조)거나, '각 나라, 각 지역 민중들의 문화적 정체성을 유지하자. …'(10조) 등이 있어요. 무역을 하면서도 각 나라의 자율성을 유지하며 서로의 장점을 나누고, 빈 것을 채워 주는 방식을 고민한 거예요. 이를테면 볼리비아는 풍부한 광물 자원을 쿠바와 베네수엘라에 싼값에 공급하고, 두 나라는 볼리비아의 콩을 수입하기로 했다고 하죠. 의료 수준이 매우 높은 쿠바는 볼리비아의 장학생 5천 명에게 의료교육을 해 주고요.

끝없이 이윤을 추구하는 자본이 있고, 게다가 정치나 이념 등 나라 사이의 관계 또한 몹시 복잡하므로 이런 일이 쉽지는 않겠지요. 하지만 세상의 여러 나라가 서로 형제자매처럼 돕고 살려고 한다면 언젠가는 모든 지구촌 사람이 진짜 제대로 잘 살 수 있지 않을까요? 그런 상상을 하는 것, 그리고 그것을 위해 조그마한 노력을 하는 것, 그것만으로도 가슴이 뿌듯하지 않나요?

## 사람답게 사는 경제 민주화

그런데 공동체 운동으로 모든 게 끝날 것 같지는 않아요. 왜냐하면 제아무리 공동체 운동이 잘 되더라도 그 공동체를 벗어나면 세상은 여전히 돈과 권력을 중심으로 돌아가거든요. 그래서 필요한 것이 온 사회를 제대로 바꾸는 운동이죠.

요즘 많이 이야기되는 '경제 민주화'가 그런 거예요. 군사 독재를 물리치고 국민들이 선거로 나라의 대표를 뽑는다는 점에서 정치 민주화는 일정한 성취를 이뤘지만 사람들이 어떻게 먹고사느냐, 진정 행복하게 사느냐, 하는 관점에서는 여전히 갈 길이 멀어요. 그래서 생산이나 노동, 분배, 소비 등 생활의 모든 과정이 민주화되어야 한다는 점에서 경제 민주화가 중요해요.

최근에 재벌 개혁 또는 재벌 해체에 관해 사람들의 관심이 높아지고 사회 양극화 또는 불평등의 해소, 그리고 복지사회에 관심이 높아진 것은 바람직합니다. 더불어 노동자의 삶에도 당연히 관심이 높아져야죠.

국민의 대다수를 이루는 노동자, 농민, 학생이 정말 행복하게 생활하는지, 어떤 문제가 있는지, 문제가 있다면 어떻게 고쳐야 할지, 이런 문제에 깊은 관심을 가지고 노력해야 비로소 경제 민주화도 완성될 거예요. 정치 민주화를 넘어 경제 민주화까지 완성된다면 우리가 사는 세상은 정말 사람답게 잘 살 수 있는 세상이 되지 않겠어요?

## ● 어떤 '일' 하며 사느냐보다는 어떤 '꿈'을 꾸느냐

2018년 12월 28일 정우성 배우가 마르카지 난민 캠프를 방문하여 예맨 소녀 로자와 이야기를 나누는 모습이다. ⓒUNHCR/Jordi Matas

**이 책을 읽는 여러분은 대부분 학생일 거예요.** 부모님이나 선생님으로부터 "커서 뭐가 될래?" "그렇게 하다가는 밥벌이 못 한다." 하는 말 많이 듣지요? 맞아요, 언젠가는 사회에 나가서 일을 하고 급여를 받아 자립해야 해요. 그런데 어떤 일을 하면 보람되고 즐겁게 사느냐는 질문보다는 어떤 직장이 더 돈을 많이 벌고 안정적이겠느냐는 게 더 중요한 것처럼 여겨지죠?

**청소년 시기부터 자기만의 독특한 꿈을 찾는 것이** 정말 중요하다고 생각해요. 모든 사람이 이른바 일류 대학을 나와서 대기업에 가거나 검사, 변호사, 의사 등 전문 직종에 종사할 수 있는 것은 아니잖아요? 『이상한 나라의 경제학』(이원재 지음, 어크로스, 2012)에 나오는 내용을 잠시 볼까요? 한국이 100명이 사는 마을이라면 경제활동인구는 59명이고 자영업자가 17명, 비정규직이 14명, 정규직은 28명, 이중 상장기업 599개에 다니는 사람은 단 1명이라는군요. 우리 경제 구조의 문제가 그대로 드러나지요. 한편으로 모두가 하려고 하는 일, 모두가 바라는 직장에 들어가려고 헛되이 애쓰는 것보다는 자기만의 꿈을 가져야 한다는 생각이 들지 않나요?

**많은 친구들이** "그건 좋은데, 문제는 꿈이 뭔지 모르겠어요."라고 하는 소리가 들리는 것 같네요. 꿈을 찾는 방법은 크게 세 가지에서 출발하면 됩니다. 내가 재미를 느끼는 것, 아니면 내가 재주가 있다고 느끼는 것, 또 아니면 내가 의미를 느끼는 것을 깊이 생각해 보는 것이죠.

**1973년 서울에서 태어난 그는** 어릴 때 매우 가난했어요. 그가 살던 사당동이 재개발되는 과정에서 자기 집이 철거되는 과정을 몸소 겪었다고 해요. 가난한데다가 공부에도 별 흥미를 느끼지 못해 경기상고에 진학했으나 고1 때 중퇴를 해요. 다소 방황하기도 했다고 하죠. 생계를 위해 햄버거 가게 아르바이트 등 여러 일을 하다가 우연히 모델로 먼저 얼굴을 알리게 되었대요. 그러다 1994년 영화 「구미호」로 배우로서 첫발을 내딛은 뒤, 「좋은 놈, 나쁜 놈, 이상한 놈」 「아수라」 「강철비」 「증인」 등에 출연하며 이제는 1급 배우로 인정받고 있어요. 그는 또 2014년부터 시리아 내전으로 고향을 등지게 된 난민들을 위한 활동을 했고 2015년부터는 유엔난민기구 친선대사로 활동하고 있어요. 2017년 12월 JTBC 뉴스룸의 인터뷰에서 "국민이 나라의 부조리에 스스럼없이 말할 수 있어야 정치가 발전한다."는 소신 발언을 해 주목을 받기도 했어요. 이렇게 정우성 배우처럼 자신만의 꿈을 찾아 부단히 나아가다 보면 언젠가 크고 작은 성취를 이룰 날이 오는 거겠죠.

**특별한 사람만이 그렇게 할 수 있다고 생각하나요?** 그렇지 않아요. 우리 한 사람 한 사람 특별하지 않은 사람이 어디 있나요? 나는 세계에서는 물론 우주에서 단 하나뿐이잖아요. 여러분만의 꿈을 찾고 이루길 진심으로 바라요. 끝으로 덧붙이면, 꿈은 좀 천천히 찾아도 되고요. 나아가 꿈은 자주 바뀔 수도 있다는 걸 잊지 마세요. 중요한 건 자기가 선택한 길을 정말 행복한 느낌으로 가는 것이에요.

# 나의 살림살이 경제는?

이제 '잘 산다는 것이란 무엇일까?'라는 질문에 관한 긴 여행을 마무리해야 할 때가 되었군요. 어때요? 잘 사는 것이란 부자가 되는 것이 아니라 행복하게 사는 것이란 말, 이제 조금은 이해가 되나요? 굳이 이것을 부자라는 말로 표현하자면, 돈이나 권력이 많은 물질적 부자가 아니라 마음이 소박하고 따뜻하다는 뜻에서 내면의 부자라고 할 수도 있겠죠. 그렇다면 진정 잘 살기 위해서는 여태껏 사람들 대부분이 믿어 온 잘못된 가치관을 훌훌 털어 내고 우리 내면의 깊은 목소리가 말하는 것을 경청하고 제대로 느끼면서 거기에 충실하며 살아야겠죠.

나의 일상생활을 조금 이야기해 볼게요. 우선은 자연과 잘 어우러진 우리 집, 귀틀집 이야기부터 하죠. 원래 한옥에는 뼈대 집과 귀틀집이 있어요. 가장 큰 차이는 벽체와 기둥이에요. 뼈대 집은 모서리 기둥을 통나무나 사각 목재로 세운 것인데, 귀틀집은 기둥이 따로 없이, 가는 통나무를 손가락을 옆으로 맞물리게 끼우듯 해서 벽체를 만들어요. 통나무들이 서로 만나는 지점이 자연스레 기둥 역할을 하는 구조이지요. 통나무가 서로 맞물려 있으니, 지진이 나도 잘 무너지지 않는 장점이 있어요. 그렇게 귀틀을 짜 올린 뒤에 벽체는 짚과 흙, 물을 섞어 하나씩 붙여 나가죠.

이렇게 해서 귀틀집을 지었답니다. 벽체를 자연 소재로 지으니 숨을 쉬는 집이 되었죠. 겨울에 좀 추운 단점은 있지만 여름엔 엄청나게 시원해요. 지붕엔 얇은 돌기와를 얹어 자연미를 한껏 높였어요. 산들로 둘러싸여 있고 자연의 아름다움도 있으니, 일단 나갔다 집에 돌아오면 마음이 참 편해요. 내가 살고 싶었던 그런 집을 목수님들과 함께 직접 지은 것이라 더욱 정이 가요.

우리 집에는 이런저런 의자들이 많은데, 대부분은 산 것이 아니라 길거리에서 주운 거예요. 그래서 같은 의자가 거의 없어요. 주로 나무로 된 것들인데, 다리가 부러져 사람들이 그냥 버린 것을 주워 와 이리저리 고쳐서 쓰고 있어요. 나무로 된 것이니 실컷 쓰다가 못 쓰게 되면 나중에 불을 때도 되거든요.

참, 난방은 주로 밤 12시 넘어 들어오는 좀 더 싼 심야 전기를 활용해요. 거실이나 갓방은 나무로 불을 때고요. 거실엔 벽난로가 있어 겨울에 불을 때면서 친구들과 함께 고구마 같은 걸 구워 먹으면 참 좋아요. 갓방은 주로 메주콩을 삶거나 국 같은 걸 많이 끓일 때 불을 때지요. 가끔 손님이 오면 거기서 군불을 때고 주무시기도 해요. 혹시 전기가 들어오지 않으면 불을

때서 따뜻하게 지낼 수 있는 비상용 방이 되기도
하고요. 땔감은 지금까지 집을 짓고 남은 것이나
뒷산에 버려진 나무들을 주워다 쓰고 있어요.
그럴 때마다 그 옛날 아버지가 산에서 지게에다
나무를 한가득 짊어지고 힘겹게 돌아오시던 모습이 떠오르네요.

　한편, 내 고향 앞바다처럼 오염시키면 안 되겠다 싶어 생활하수를
어떻게 할지 애를 많이 썼어요. 우선 설거지물이나 목욕탕 물은 정
화 연못으로 모이게 했어요. 정화 연못은 먼저 부레옥잠과 옹달샘
물로 정화하고 그다음엔 미나리나 수초들로 2차 정화를 한 뒤 내려
가게 했어요. 다음으로 실내에 있던 수세식 변기는 정화조에서 1차
정화를 하고 정화된 물이 정화 연못에 흘러들게 했어요. 그래도 제
대로 정화가 되는지는 의심이 갔죠.

　그래서 최근엔 수세식 변기를 아예 뜯어냈어요. 그리곤 생태 변기
를 새로 만들었죠. 아예 똥과 오줌을 처음부터 분리해서 받아 낸 다
음 각각 거름으로 삭히는 거죠. 똥을 눈 뒤엔 톱밥이나 부엽토, 왕겨
같은 걸 뿌려 주면 냄새도 별로 나지 않고 벌레도 생기지 않아요. 이
렇게 하니 한 번에 10리터씩 내려가던 물이 절약되었어요. 똥과 오
줌은 수시로 퇴비 간에다 비워 나중에 좋은 유기농 거름으로 쓰고
있어요.

　이렇게 해서 그동안 찜찜했던 수세식 화장실 문제를 거뜬히 해결

했답니다. 그래서 나는 똥을 눌 때마다 기분이 좋아요. 매일 아침, "똥아, 잘 나와 줘서 고마워."라고 인사도 하지요. 이런 것이 바로, 밥이 똥이 되고 똥이 밥이 되는, 순환형 살림살이 경제 아닐까요?

시골에 사니 음식물 쓰레기도 나오지 않아요. 가능하면 쓰레기를 만들지 않으려 노력하는데, 조금이라도 음식물 쓰레기가 나오면 강아지나 닭들이 해치우지요. 개는 집을 잘 지켜 주고 닭들은 우리가 주는 먹이를 먹고 맛있는 유기농 알을 낳아 주어요. 또 닭똥은 마른 풀과 섞여 좋은 거름이 되지요.

텃밭에는 콩, 상추, 깻잎, 고추, 가지, 토마토, 배추, 토란, 감자, 고구마 같은 먹을거리가 자라지요. 퇴비 간과 닭장에서 나온 거름은 돈 주고 살 수 없는 좋은 유기농 거름이에요. 그리고 농약이나 제초제를 치지 않으니 흙이 살아 있고 그 속의 미생물이 부지런히 일을 해서 좋은 흙을 만들어 주지요. 그런 흙에서 나온 농작물도 완전 건강해요! 이렇게 자연과 어우러진 시골은 생태 뒷간과 가축, 그리고 텃밭이 삼위일체가 되면서 쓰레기를 하나도 만들지 않는 건강한 살

림살이 경제를 만들어 내지요.

또 하늘에서 떨어지는 빗물도 그냥 흘려보낼 순 없어요. 그래서 지붕에서 물이 많이 흘러내리는 곳에 큰 물통을 갖다 놓고 빗물을 모으지요. 그 물은 걸레를 빨거나 앞마당 청소를 할 때, 아니면 텃밭과 마당 잔디밭에 물을 줄 때 쓰면 아주 좋아요. 굳이 아까운 식수를 쓸 필요는 없거든요.

이렇게 자연은 우리에게 끊임없이 베풀어 준답니다. 하늘과 땅, 가축과 나의 똥, 모두에 감사한 마음이에요. 우리가 이런 것을 모두 고맙게 잘 쓰고 또 자연으로 되돌아가도록 조심스레 보살핀다면 '지속 가능한 경제'도 그리 어렵지는 않겠죠? 그리고 진정으로 잘 사는 삶도 말이에요.

인물사전

● **레프 니콜라예비치 톨스토이**(Lev Nikolayevich Tolstoy 1828~1910)

러시아의 위대한 소설가이자 시인이며, 개혁적 사상가로도 알려진 위대한 인물이죠. 그는 문학뿐 아니라 정치에도 지대한 영향을 끼쳤답니다. 백작의 지위를 가진 귀족이었으나, 대다수 가난한 사람들 편에 서서 너무 많은 재물을 소유한 러시아 귀족들을 비판했지요. 그러다 귀족들의 압력으로 출판 금지를 당한 적도 있고, 민중들에게 무관심한 교회를 비판하다가 교회의 미움을 사기도 했어요. 주요 작품으로는 『바보 이반』, 『사람은 무엇으로 사는가』, 『전쟁과 평화』, 『안나 카레니나』 등이 있답니다.

● **리처드 이스털린**(Richard Easterlin 1926~ )

미국 뉴저지에서 태어나 서던캘리포니아 대학교에서 경제학을 가르치고 있는 교수랍니다. 그는 1946년부터 30개국의 소득 규모와 행복감을 추적 연구하여 그 결과를 1974년 논문에 담아 발표했지요. 그것이 바로 '이스털린의 역설'입니다. 소득이 일정액 이상 된 뒤에는 소득의 증가가 행복감으로 이어지지 않는다는 이론이죠. 또한 그는 가난해도 행복할 수 있다는 '행복 경제학'의 전도사로 유명하답니다.

● **헨리 데이비드 소로**(Henry David Thoreau 1817~1862)

미국의 철학자이자 문학가예요. 1854년에 발표한 『월든-숲 속의 생활』이라는 책은 우리에게도 잘 알려졌지요. 그는 일생을 물질에 대한 욕망 없이 자연과 더불어 사는 삶을 추구했어요. 노예제도와 멕시코 전쟁에 항거하는 뜻으로 홀로 월든의 숲에서 작은 오두막을 짓고 살기도 했고, 인두세(각 개인에게 일괄적으로 부과하는 세금) 납부 거부로 투옥당하기도 했답니다. 훗날에는 노예 해방 운동에 헌신하는 삶을 살았어요. 그의 정신은 마하트마 간디와 킹 목사에게 이어져 인도의 독립운동과 미국 시민권 운동의 불씨가 되었다고 해요.

● 헬렌, 스콧 니어링 부부(Helen Nearing 1904~1995, Scott Nearing 1883~1983)

헬렌과 스콧 니어링 부부는 미국의 유명한 환경운동가이자 베트남전 반전 활동가로 유명하죠. 헬렌 니어링은 바이올린 연주자였고 스콧 니어링은 펜실베이니아 대학교를 졸업하고 경제학 교수를 지냈답니다. 그러나 제1차 세계대전을 반대하고 사회주의 이념과 정치 활동을 이유로 해직되었지요. 두 사람은 결혼한 뒤 1932년 도시를 떠나 낡은 농가로 이주해 직접 농사를 지으며 살았어요. 자연과 더불어 사는 삶이 얼마나 행복한지를 몸소 증명하였던 거예요. 『조화로운 삶』『아름다운 삶, 사랑 그리고 마무리』『헬렌 니어링의 소박한 밥상』 등의 책을 썼어요.


● 왕통(王通 582~616)

중국 수나라 때의 유학자입니다. 자는 중엄이고 문중자라고도 해요. 유가 사상의 계승과 발전을 위해 평생을 바쳤어요. 또 당시 사람들이 농사를 천시하는 것에 반대해 몸소 농사를 지으며 생활했어요. 한편으로 1,000명이 넘는 제자를 가르치기도 했고요. 자신의 자명을 딴 『문중자(文中子)』(『중설(中設)』이라고도 함.)라는 책은 『논어』를 모방한 것으로 문인과의 대화 형식으로 되어 있답니다.


● 아리스토텔레스(B.C. 384~322)

고대 그리스의 철학자로 플라톤의 제자이지요. 과학, 수학, 논리학, 예술 등 다방면에서 많은 책을 썼습니다. 그는 경제에 대해서도 박식했는데 이코노미(economy)의 어원이 된 '오이코노미아(oikonomia)'라는 말을 처음 사용했어요. 기원전 335년에 아테네에 리케이온을 세우고 생물학과 역사 등 다양한 분야에 걸쳐 제자들을 가르쳤어요. 그가 세운 철학과 과학의 체계는 여러 세기 동안 서양의 학문과 사상에 지대한 영향을 미쳤지요.

● **칼 폴라니**(Karl Polanyi 1886~1964)

오스트리아-헝가리 비엔나에서 태어나 부다페스트 대학교에서 철학과 법학을 공부했어요. 헝가리 진보당 창당을 돕고 당 비서를 맡기도 한 활동가이기도 했어요. 헝가리에서 오스트리아로 이주한 뒤에는 경제와 정치 논평을 쓰는 기자로도 일했지요. 1940년대 이후에는 미국과 캐나다를 오가며 대학교수로 있으면서 연구와 저술에 전념했답니다. **1944년에 나온 『거대한 변환('거대한 전환'으로 번역되기도 했어요.)』은** 자본주의 경제의 발생과 발달 과정을 인류학과 정치학적 접근으로 새롭게 밝혀내며 대안적인 경제 이론으로 주목받고 있어요.

● **마하트마 간디**(Mahatma Gandhi 1869~1948)

영국의 지배를 받던 인도의 독립운동을 이끈 인도의 정신적, 정치적 지도자예요. 본명은 모한다스 카람찬드 간디(Mohandas Karamchand Gandhi)인데, '위대한 영혼'이라는 뜻의 '마하트마' 간디로 더 많이 불리지요. 인도 서부의 포르반다르에서 태어나 영국 런던 대학교에서 공부하고 변호사가 되어 인도에 돌아왔어요. 1893년 남아프리카의 나탈에서 변호사로 개업하면서 인도인들이 받는 차별에 반대하는 운동을 조직하고 세계에 널리 알렸어요. 인도에 돌아와서 1918년 인도 국민회의의 지도자 역할을 맡으면서 독립운동의 상징이 되었어요. 특히 그는 폭력을 부정하는 비폭력 무저항의 정신('사티아그라하'라고 해요.)을 실천하며 영국 상품 불매, 납세 거부, 공직 사퇴, 불복종 등을 이끌었지요. 그는 또한 인도의 사회 계급 제도를 없애고, 공동체를 되살리기 위해 애썼어요. 이러한 그의 정신은 세계적으로도 큰 영향을 주었지요. 1999년 4월 18일 미국의 「뉴욕타임스」는 지난 1천 년간의 최고의 혁명으로 영국의 식민 통치에 저항한 간디의 비폭력 무저항 운동을 선정하기도 했어요.

● **비비안느 포레스테**(Viviane Forrester 1925~2013)

프랑스의 소설가이자 수필가예요. 프랑스 신문 「르 몽드」의 문학 비평가로 활동하기도 했어요. 『반 고흐 또는 밀 속의 매장』『단검들의 유희』 등 많은 작품을 썼어요. 『경제적 공포』는

1996년 메디시스상을 수상하며 전 세계적인 반향을 불러일으켰지요. 이 책은 프랑스에서만 30만 부 이상 팔렸으며 17개 국에서 번역 출간되었습니다.

● 빅토르 프랑클(Viktor Emil Frankl 1905~1997)
오스트리아에서 태어난 유대인으로 신경과 의사이자 심리학자예요. 제2차 세계대전 때 아우슈비츠에 있는 유대인 강제수용소에 갇혔다가 전쟁이 끝나면서 국제적십자의 보호를 받고 살아남은 사람 중 하나이지요. 아우슈비츠의 기억을 생생히 전하고 있는 『죽음의 수용소에서』라는 책은 전 세계에 큰 파장을 불러일으켰답니다. 또한 그는 신경과 전문의로서 '로고 테라피(logotherapy)'라는 치료법을 창안했는데 인간 존재의 의미와 그 의미를 찾아 나가는 인간의 의지에 초점을 맞춘 이론이에요.

● 에크하르트 톨레(Eckhart Tolle 1948~)
독일에서 태어난 에크하르트 톨레는 지금은 캐나다에 살면서 상담가이자 저술가, 강연가로 활동하고 있어요. 1998년 쓴 『지금 이 순간을 살아라(The Power of Now)』라는 책이 전 세계적인 베스트셀러가 되면서 그의 가르침이 널리 알려지게 됐지요. 그는 절망의 나락에 빠져 있던 29세 때 갑작스레 새로운 깨달음을 얻고 밝은 세계를 접하게 되면서 명상, 수련 등을 통해 정신적으로 큰 변화를 겪었다고 해요. 지금은 희망 전도사로 자기가 겪은 깨달음을 전 세계 사람과 나누는 일을 하고 있어요.

그림을 그린 **박정섭** 선생님은

전북 익산에서 태어나 멋진 만화가를 꿈꾸며 서울에 왔지만, 그렇게 쉽지 않았답니다. 식당, 공사장, 주차장, 고속도로 휴게소, 주유소, 물류 창고를 비롯해 여러 곳에서 인생 경험을 쌓았지요. 그러다 뒤늦게 그림을 공부하면서 새로운 세상을 만났습니다. 사랑하는 아내 서영 씨와 공주와 나봉이랑 남양주에서 오순도순 살며 창작 그림책 작업을 하고 있습니다. 직접 쓰고 그린 책으로 「도둑을 잡아라」, 「놀자!」가 있고, 「꿈을 향해 스타 오디션」, 「비가 와도 괜찮아!」, 「담배 피우는 엄마」, 「으랏차차 뚱보 클럽」, 「어느 날 우리 반에 공룡이 전학왔다」 등에 그림을 그렸습니다.

■ 사진 제공: Wikimedia Commons

# 잘 산다는 것

2014년 4월 21일 제1판 1쇄 발행
2019년 7월 15일 제1판 9쇄 발행

| | |
|---|---|
| 지은이 | 강수돌 |
| 그린이 | 박정섭 |
| 펴낸이 | 김상미, 이재민 |

| | |
|---|---|
| 기획 | 고병권 |
| 편집 | 오경희 |
| 디자인기획 | 민진기디자인 |

| | |
|---|---|
| 종이 | 다올페이퍼 |
| 인쇄 | 청아문화사 |
| 제본 | 광신제책 |

| | |
|---|---|
| 펴낸곳 | 너머학교 |
| 주소 | 서울시 서대문구 증가로20길 3-12 |
| 전화 | 02)336-5131, 335-3366, 팩스 02)335-5848 |
| 등록번호 | 제313-2009-234호 |

ⓒ 강수돌, 2014

ISBN 978-89-94407-23-4 44320
ISBN 978-89-94407-10-4 44080(세트)

너머북스와 너머학교는 좋은 서가와 학교를 꿈꾸는 출판사입니다.